ものが語る歴史　33

クリの木と縄文人

鈴木三男

同成社

1 様々な森の恵み　A：クリ、B：コナラ、C：イチイガシ、D：トチノキ、E：ブナ、F：オニグルミ、G：アケビ、H：クサソテツ（コゴミ）、I：オオウバユリ、J：ヤマブドウ

2 佐賀市東名遺跡出土編みカゴとその復元品「イヌビー」(左)（佐賀市教育委員会提供）　この編みカゴはイヌビワの木材を裂いた材とツヅラフジの蔓でできていた。復元制作した「イヌビー」には肩のところまでで35リットルものドングリが入った。

3 鹿児島県徳之島のスダジイが優占する照葉樹林（常緑広葉樹林）

4 岡山県蒜山のブ（冷温帯落葉広葉樹

5 北海道根室市春国岱のアカエゾマツ林（亜寒帯針葉樹林）

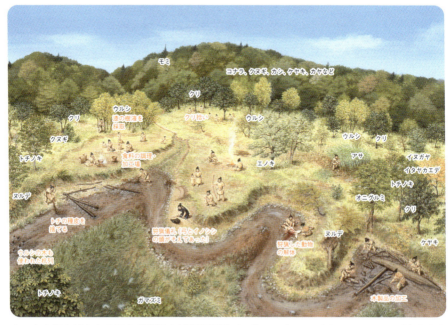

6 東京都東村山市の下宅部遺跡の景観復現図（工藤 2014）この図にはいろんな要素を書き込まなければならないためクリの木は少ない量しか描かれていない。

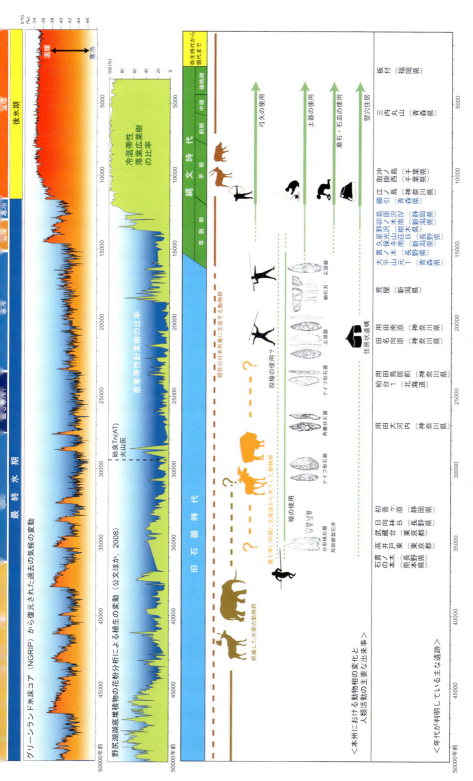

7 過去5万年間の出来事の年表（工藤雄一郎作図）

8　十和田—八戸テフラに覆われた埋没林と掘り出されたトウヒ属の枝葉化石　A：写真中央の黒褐色の泥炭質土壌の最上部に生えていた木の幹が1mほど上に顔をだしている（青森県三戸郡新郷村の後藤川）。B：トウヒ属の枝葉は掘りだした瞬間は緑色をしているが空気に触れるとすぐに黒くなってしまう。DNAの抽出を試みたが成功しなかった（同郡目田の浅水川）。

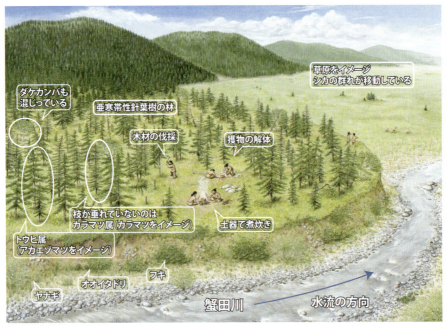

9　青森県外ヶ浜町大平山元Ⅰ遺跡の復原画（工藤 2011）　遠景の山は亜寒帯性の針葉樹林、煮炊きや伐採などを行う河岸段丘上は亜寒帯性針葉樹にダケカンバなどが混じった疎林、河川敷は湿性の草原を想定。

10 **クリの花** A：クリの開花前の尾状花序。細長い軸にたくさんついているつぶつぶが複数の花が集まった「花序」。B：紐状の尾状花序が満開状態。雌花の集まりが花序の根元にふつう1個つくが、雄花だけの尾状花序の方が多い。C：雌花の集まり（画面中央やや下側）は緑色の若い総苞（毬になる）に包まれて3つの花があり、雄花の集まりは通常7個の花が集まってできている。D：花の終わった花序。毬のとげ（いが）がもう伸び始めている。

11 **クリの実**（吉川純子氏提供） A：開いた毬から顔を出した3つのクリの果実。実の先端に枯れた柱頭が何本か見える。B：クリの実の断面。一番外側の栗色の固い殻（外果皮）の内側にスポンジ状の内果皮があり、その中に茶色い渋皮を纏った種子が1つある。断面の先端附近の楕円状の出っ張りは幼根、中央の三日月形の隙間は上下の2枚の子葉の合わせ目。豆類と同様、クリの種子は栄養分を子葉に貯める「無胚乳種子」。

12 **山形県西村山郡西川町大井沢の大栗** 幹回り8.5m、樹高15m。樹齢800年というがその根拠はない。これが日本一のクリの大木であることは間違いないようだ。

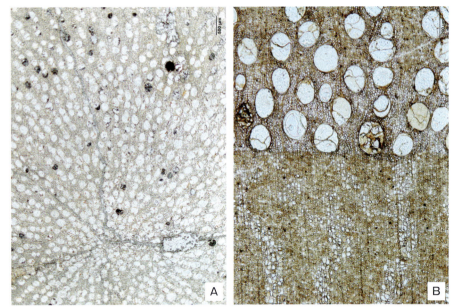

13 *Castanoradix* とクリ属の材化石　A：北海道の白亜紀層から記載された *Castanoradix cretacea*. クリ属の祖先の可能性がある。髄がないことから根の材であることがわかる。B：福岡県津屋崎の漸新世の地層から記載された *Castanea protoantiqua*. 現生のクリにそっくりである。

14 クリ属の殻斗（毬）と葉の化石（植村和彦氏提供）　A：岡山県苫田郡鏡野町恩原の後期中新世の地層から記載された殻斗化石 *Castanea miocrenata*.　B：栃木県那須塩原市中塩原の中期更新世のクリ（現生種と同じ）の葉化石。

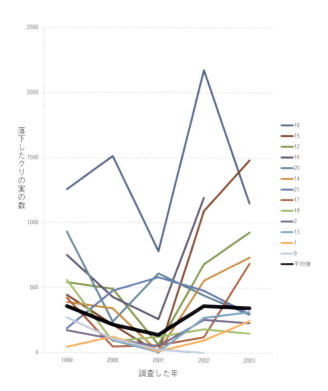

15 クリの実の収量の1999年〜2003年の年変動（新美2009のデータより作図） 凡例の1〜21の数字は個体番号、縦軸は落下個数。欠測年のある個体もある。

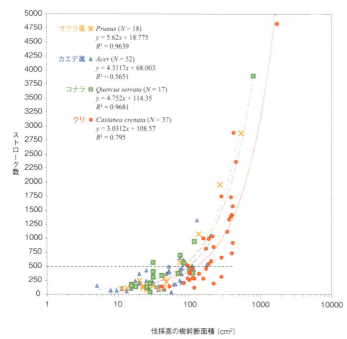

16 石斧で伐採した様々な樹種と直径の石斧の打ち付け（ストローク）回数（工藤原図［2004］を能城［2014］が改変したもの）

■500ストロークで、クリは直径18cmくらいのものまで伐れるが、他の樹種は10cm程度。

17 鹿児島県霧島市の上野原遺跡の縄文時代早期前葉の集落跡 (新東 2006) 52棟の竪穴住居と、2本の「道跡」がある。○で囲んである10棟の住居跡の床には桜島火山灰 (P13) があり、降灰時にこの建物があったことがわかる。

18 上野原縄文の森の復原集落 (真邉彩氏提供) 東日本の復原集落で見る建物と大きく異なっている。

19 三内丸山遺跡の土地利用 (国立歴史民俗博物館提供) 大型建物、六本柱建物などを中心に、そこに至る道沿いに土壙墓が並び、住居域は分散している。中心地域のまわりには土地造成の残土やおびただしい量の遺物が累積した盛土が3カ所あり、また台地の縁は捨て場となっている。

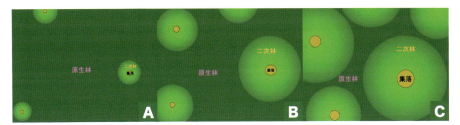

20　縄文ムラの発展と森の関係　A：ムラが少なく、規模も小さかった頃は広大な原生林が拡がる。B：ムラが大きくなり、数も増えると原生林は減少し、二次林（雑木林）が村の周囲から拡がる。C：さらに人口が増え、ムラの規模も大きくなると原生林はわずかになり、森の大部分は二次林と化す（緑色が濃いほど「自然度」が高い）。

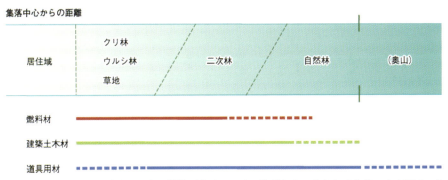

21　集落を中心とした植生の同心円構造（能城 2014）　燃料とする柴などは集落のすぐ周囲で集め、建築・土木用材はそれより広い範囲で、様々な道具に使う木材は目的に合った材を探して広範囲から伐り出される。その結果、植生に対する人為的攪乱は集落に近いほど強く、離れるほど小さくなる。集落のすぐ周囲はまたクリやウルシを植栽する場所としても使われた。

22　三内丸山ムラの復元された様々なタイプの竪穴住居群　残された遺構は丸いくぼみと数個の柱穴だけだが、様々な復元が可能だ。

23 御所野遺跡の焼失住居跡（一戸町教育委員会提供）　A：DF22-01住居跡の炭化材の出土状況。B：DF22-01住居跡の炭化材分布。

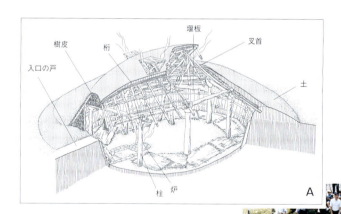

24 土屋根住居の焼失実験（一戸町教育委員会提供）　A：復元された土屋根住居の構造。B：みんなが見守る中での焼失実験。

25 北海道函館市の大船C遺跡の縄文時代中期の竪穴住居（函館市教育委員会提供）　A：2m以上の深さの竪穴。B：茅（ススキ）葺きで復元された住居。

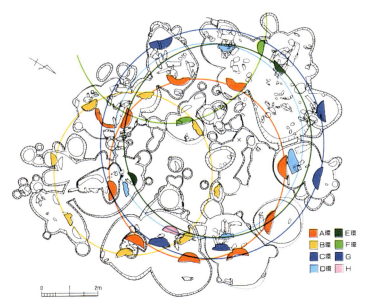

26 金沢市チカモリ遺跡の縄文時代晩期の環状木柱列（A・C：金沢市教育委員会提供、B：朝日新聞社 1986）　A：木柱列発掘の状態。B：折り重なる木柱列の配置。ほとんど同じ場所で8回も造り替えられていた。C：木柱。直径80cmほどのクリの木を半割にして弧の方を円の中心に向けて据えられていた。

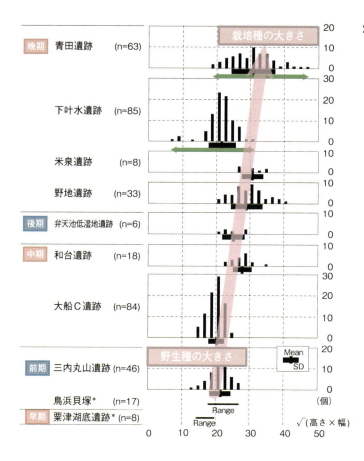

27 縄文時代におけるクリの実の大きさの変化（吉川純[2011]の原図から佐々木[2014]が作成した図）クリの実の大きさを幅×高さの平方根で代表。鳥浜貝塚と粟津湖底遺跡は計測できた資料数が少ないので大きさの範囲（Range）で表示。

28 新潟県青田遺跡（縄文時代晩期）の遺跡復元画（新潟県教育委員会提供）川沿いに掘立柱の住いを造り、集落近くにはクリが生えていたことが花粉分析結果から推定されている。絵の中景にある木立がクリ。

29 クリの調査をした宮城県大崎市の東北大学川渡農場の雑木林　標高約400m、この場所は林内放牧されていない。薪炭林として使われたところで株立ちが見えることからそのことがわかる。

30　7〜10区の伐採2年後（2004年）の様子　7〜10区は連続して設けられ周囲の緩衝地帯として伐採したところも含めると20×50mの広さになった。

31　ブナ科の虫媒花（クリとスダジイ）と風媒花（ブナとミズナラ）　A：満開のクリ。一つ一つの花は小さく目立たなくても林全体が咲いているようだ。B：満開のスダジイで山全体が咲いているようにも見える。C：満開になったブナ。よく目をこらさないとふさふさとした雄花の集まりに気づかない。D：ミズナラの雄花は細長い紐のようで風に揺れていてほとんど気づかれない。

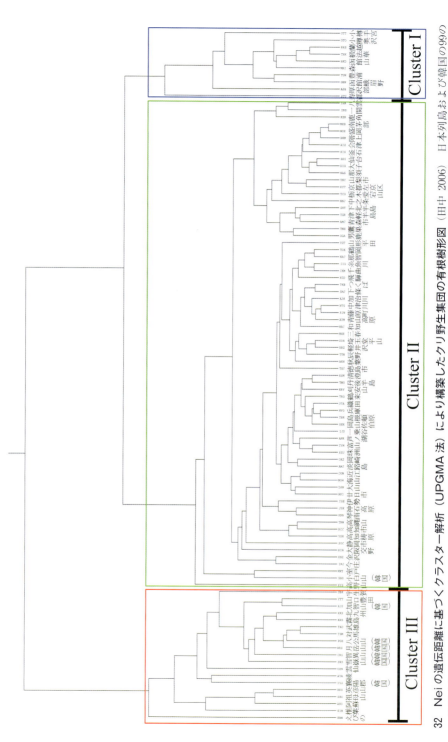

32 Neiの遺伝距離に基づくクラスター解析（UPGMA法）により構築したクリ野生集団の有根樹形図（田中 2006） 日本列島および韓国の99の集団は3つのクラスターに分かれた。

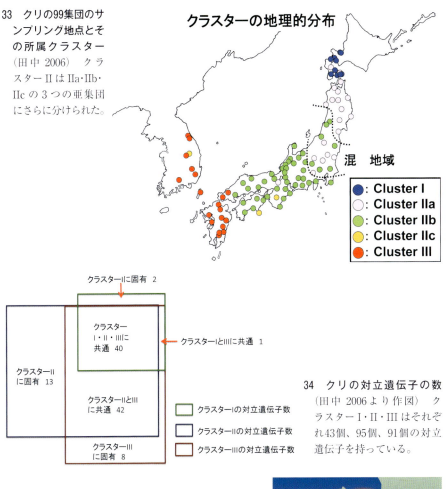

33 クリの99集団のサンプリング地点とその所属クラスター（田中 2006）クラスターⅡはⅡa・Ⅱb・Ⅱcの3つの亜集団にさらに分けられた。

34 クリの対立遺伝子の数（田中 2006より作図）クラスターⅠ・Ⅱ・Ⅲはそれぞれ43個、95個、91個の対立遺伝子を持っている。

35 縄文時代前期〜中期の円筒土器文化圏（青森県教育委員会提供）岩手、秋田県北部から青森県全域、北海道道南から石狩低地帯までがこの文化圏に入る。この文化圏の北東限がクリの分布限界とほぼ一致する。

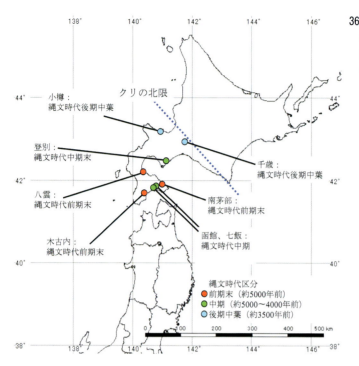

36 北海道の縄文時代のクリ種実・木材出土地点とその時期（田中 2006を改変）

37 多賀城廃寺（観音寺）の伽藍模型（東北歴史博物館提供） 多賀城政庁や多賀城廃寺の礎石建物の柱材の出土はないが、多賀城周辺の遺跡群からの出土木材でモミ（属）材が優占することからモミであったことが推定される。

38 仙台市西台畑遺跡の古代の竪穴住居跡（仙台市教育委員会2016） 古代になっても庶民は縄文時代と基本構造が同じ竪穴住居に暮らし続けていた。

は じ め に

　この本を読んでいただくにあたって、最初に断っておきたいのは、本書での「クリ」の表記です。「クリ」は植物としての、樹木としての、そして植物分類学単位の種としての「クリ」です。したがって本書は基本的には「クリ」で表記されています。漢字、平仮名で表記されているところはそれぞれの理由があってそのようにしていると理解いただければと思います。

　縄文時代のクリに初めて出会ったのはたしか昭和52年（1977年）、埼玉県大宮市（現さいたま市）の寿能泥炭層遺跡です。当時、東京大学農学部の助手になりたての私は土壌学の先生からこの遺跡の出土木材の同定をやってみないかと声をかけられました。初めて低湿地遺跡の現場を訪れた私に、にょきにょきと並び立つ杭列が目に飛び込んできました。これだけの数の木材を伐りだして、それを低地に打ち込んで杭列を作った縄文人とは、いったいどういう人たちなのだろうかと思いました。

　それまで、関東地方の縄文時代遺跡では焼失住居、あるいは土坑、炉跡などから出土した炭化材の多くがクリ材であることは知っていましたが、どの遺跡も試料数が数点であり、100を超える数が「クリ」というのは寿能泥炭層遺跡が初めてでした。しかし、その後、東北新幹線建設や東京外環状線の道路建設に伴う低湿地遺跡の発掘が相次ぎ、どれもこれも大量のクリ材の出土を目の当たりにして、「縄文＝クリ」という図式が自分の頭の中でできあがりました。

　そして、この「縄文＝クリ」を決定づけたのは、やはり青森県の三内丸山遺跡でしょう。人口が最大500人とまで推定されることもあった縄文時代には異例といえる大きな村で、1,500年にも及ぶ遺跡の継続性、その間の大量の木材消費と多量の炭化したクリの実の出土、木材の伐採利用とクリの実の収穫という二律背反をどのように説明することができるのか、実に悩ましい問題が横た

わっていました。それに対する答えとして、かなり早い段階から様々な人たちによりクリの栽培がいわれてきました。しかし、なぜ「栽培していた」といえるのか根拠が薄弱で、栽培以外に大量の木材と大量の果実を供給できるだけの資源量を確保できる方策はないのかといったことなどは検討されることがありませんでした。

　第4章のクリ伐採実験はこの問題に端を発しています。そもそも自然林にはどれだけのクリの資源量があるのか、それを伐ったら回復する林の資源量は以前より増えるのか、減るのか、そういったことを一つ一つ確かめて縄文時代におけるクリ資源管理を考えようというものでした。これは首都大学東京（当時の東京都立大学）の若きオピニオンリーダーの山田昌久氏を核に、たくさんの若い、あるいは壮年の学究たちとの共同実験で、ときには参加者が30人を超えるほどでした。石斧やチェーンソウで伐採して、その後の森の回復過程の中でクリがどうなっていくかを最低10年は調べる、という息の長いものでしたが、実験区の面積、数を統計的な検証に耐えるほどに増やすには多大な労力と時間がかかるため、限定的にならざるをえず、そこから得られるデータ量は少なく、いわゆる「学術論文」を書いて発表できるまでにはなりません。しかし、結果をまとめて公表しなければ伐採実験に参加されたたくさんの人たちの意気と労苦は無駄になってしまう、ということでクリの本の出版を考えました。最初は伐採実験に中心的に関わった方や縄文のクリをこれまで熱心に研究してきた人たちとの「共著」ということで始まったのですが、いつになっても原稿をもらえない人や原稿を取り下げる人など様々で、結局頓挫してしまい、そのままで何年か過ぎてしまいました。

　そして伐採から10年を超え、再生したクリの最後の調査を終えてみると、確かにデータ量は不十分ながら、目指したものが「見えて」きました。この息の長い実験でわかったことを公表しなければ、という思いで、結局この本を一人で書くことになりました。

　この本ではクリを様々な角度から取り上げましたが、クリの実の生産、利

用、文化については今井敬潤『栗』(2014)、元木靖『クリと日本文明』(2015)など他の類書に譲ります。

　第1章では、クリが日本列島の森を作る樹木の中でどのような位置にあるのか、そして最終氷期からの地球温暖化の中でいつ縄文人と出会ったのかを描き出そうとします。

　第2章では、クリの「植物学」と、人にとってのクリの性質と価値を改めて整理してみます。化石証拠とクリ属の分子系統解析結果からは極東（日本列島）が地球史上におけるクリの「ふるさと」であることがみえてきます。

　第3章では、縄文社会・文化の成立・発展とクリとの関わりを紐解きます。考古学門外漢の私には手にあまる内容でした。

　第4章は先に述べたように、伐採実験を中心として縄文人が行ったであろうクリ資源管理を考えます。

　第5章は、田中孝尚氏の学位論文内容を中心に、彼（＋東北大学植物園研究室のメンバー）と日本国内、韓国、中国をめぐるクリを求めての旅と研究の総括です。

　第6章は、縄文人とともに歩んだクリが縄文時代の終焉とともに表舞台から姿を消したさまと、その後、現在までのクリと日本人のつきあい、そして未来に目を向けてみます。

目　次

はじめに　i

第1章　クリ、縄文人に出会う　　1
　1．森の恵み　1
　2．日本の森林帯　5
　3．縄文人の棲んだ森　9
　4．縄文人が棲み始めた森　15
　5．クリ、縄文人と出会う　25

第2章　クリという木　　31
　1．クリの分類と分布　31
　2．クリの巨木を訪ねる　34
　3．クリはいつから生えていたのか？　36
　4．クリのすばらしさ　39

第3章　クリと共に歩んだ縄文人　　47
　1．縄文社会の発展：東日本と西日本　47
　2．縄文のムラ　57
　3．縄文のムラとクリの木　63
　4．縄文人の食生活を支えたクリ　73

第4章　縄文人のクリ資源管理を考える ……… 79

1. クリの資源量を計る　79
2. クリを伐る　80
3. 10年計画の実験を開始　83
4. 10年後、クリは増えたか減ったか？　86
5. クリの成長　98
6. 縄文人はクリをどこに生やしていたか？　102

第5章　海を渡ったクリ ……… 109

1. クリの集団遺伝学的解析　109
2. 海を渡ったクリ　112
3. 円筒土器文化圏とクリ　119

第6章　クリは日本人と共に ……… 123

1. 弥生時代のクリ　123
2. 鉄器時代のクリ　130
3. ふるさとのクリ　136
4. 日本人とクリの未来　143

引用・参考文献　147
あとがき　153

クリの木と縄文人

第 1 章　クリ、縄文人に出会う

1. 森の恵み

植物の利用

　人類は、植物のいろんな部分をいろんな異なった目的に利用して生きています。その一番は食べ物で、私たち人間も含めてすべての生物は、植物が光合成で生産したブドウ糖とそれが元となって合成された澱粉や有機物を餌として摂取し、またそれを摂取して成長した様々な動物、さらにはその動物を食べて成長した動物を食べることによって生きているのです。森というのは地上に蓄積された膨大な量の有機物の塊ですから、多くの生き物の生命活動の基盤となっているといえます。私たち人類もその一員ですので、これが基本となります。

　しかし、ヒトがほかの動物と違うのは何かというと、道具を使うことです。人類の進化の過程で自らの身体能力を延長するものとして道具を発明し、使うようになってその身体能力を超えた作業が可能となり、生活の幅と空間の拡大、作業の効率化をもたらしました。地上にあるすべてのものがそういった道具の素材となり得ますが、人類史上、最初に使われたのは石と植物でしょう。われわれの祖先である縄文人はアジア大陸の東縁の日本列島に生まれ、大自然の中で生活していましたが、そこは世界有数の森林地帯だったのです。

　それでは森の民である縄文人は植物をどのように利用していたでしょうか？　まず最も基本になるものは食糧です。縄文人が食糧としていたと考えられる「森の恵み」は森に生えている木々の実、草の実、芋、球根や根茎類、そして新芽、若葉などです（口絵 1）。森に生息する様々な動物、昆虫、そしてキノコなども「森の恵み」といえます。この食物としての利用はいわばヒトも「生

物界の一員」としての植物利用ですが、ヒトとしての植物利用は上に述べたように「道具」としてと、様々な道具で「加工調整」する素材としての利用で、それらは植物の部位によって次のように整理できます。

〔植物の利用部位〕

(1) 二次木部→木材・編組(へんそ)製品・縄紐・燃料
(2) 二次篩部（樹皮）→編組製品・樹皮製品・縄紐・コルク
(3) 若齢部の茎・草本の茎・蔓→編組製品・縄紐・繊維製品
(4) 植物体各部に生える毛（種子、果実、茎等）→繊維製品
(5) 植物体が蓄積分泌する物質→漆・蠟・精油・タンニン・薬物等

こういった植物の利用部位の中で中心をなすのは「二次木部」、すなわち木材です。

素材としての木材

「二次木部」＝木材とは樹木の形成層の活動により作られる「二次組織」のうち、形成層より内側の部分が蓄積したものです。ちなみに形成層より外側部分は「二次篩部」でこれが樹皮となります。日本など温帯の樹木では形成層は春に活動を開始して夏に活発になり、秋に緩やかになって冬は休眠するということを繰り返すので、木を伐った断面を見ると１年を周期とした成長輪、すなわち年輪を見ることができます（図１-１）。樹木は長命で年々年輪を重ね、組織は中心側から順次死んで水分通導機能を失っていきますが、組織としてはそのまま残り、大きな樹体を支える強固な樹幹を形作ります。したがって木材の構成組織は樹種によって程度の差はあるものの、堅硬で強靭であり、また耐朽性、耐湿性なども併せ持っていますので、これで作った工作物は永年の風雪に耐えることができます。もうひとつの木材の特性はセルロース、リグニン、ヘミセルロースという植物がつくり出す天然高分子化合物でできている細胞壁の塊なので、刃物による切削加工が自由にできることで、思うとおりの大きさと形のものを作れることにあります。人類がヒトとなったとき、その右手には石を、左手には棒を持っていたのではないでしょうか（図１-２）。最初はた

第1章　クリ、縄文人に出会う　3

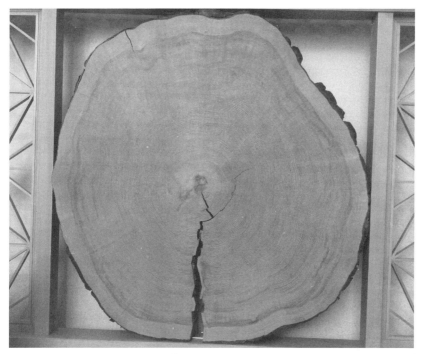

図1-1　大館能代空港に展示してある天然秋田杉の円盤

だの棒きれにすぎなかったものが石器などの道具の発明と進歩により加工が施されるようになり、より高性能で使用目的によく合ったものが作られるようになり、さらに多くの道具や器具、用具が生み出されていったことでしょう。木材はこれら道具などを作る素材であると共に、いろいろな道具を使って木材を加工して生存、生活に必要な様々な構築物を作るための素材でもあります。大きな木材を利用して作り上げる端的なものが家であり、様々な土木施設などです。これらは縄文人の生活を安定した豊かなものに変え、そうした安定した社会のもとで植物利用の技術はさらに発展をとげました。

　木材は道具や建築材に使われるばかりでなく、その柔軟性という特性を活かして、木目に沿って細いひご状に、あるいは薄いテープ状に加工してカゴ編物の素材となすことができます。これまでに知られている最も古い編みカゴ類は

図1-2　棍棒と石器を持つネアンデルタール人（読売新聞社 1982）

佐賀市の東名遺跡から出土した縄文時代早期（約8,000年前）の遺物で、河床に掘られた穴の中に埋め込まれ、ドングリ類の貯蔵に使われていたと考えられています。出土した編みカゴ類（口絵2）の大部分はムクロジかイヌビワという木を板目に割り裂いて作ったテープ状の素材を編んだもので、ところどころにツヅラフジという蔓植物も使われていて、十分な強度と機能を備えた「芸術品」ともいえるものです。ムクロジ、イヌビワという樹種の木材を割り裂いてカゴを編むという民俗は現代には伝わっていませんが、8,000年の昔に、木を割り裂いて素材を作る技術とそれに適した樹木を選び出す能力、その素材を使って装飾を施してカゴを編む技術、そしてそれを活用する文化がすでに確立していたといえます。ということはそれを遡る、おそらくは数千年という、それに至る前の段階を経てきたことが考えられ、そういった技術の発祥の古さと歴史が見えてきます。

　そして木材は様々な目的に使われたあと、最終的な利用として「燃料」として活用されます。もちろん木材だけが燃やされるのではなく、枝葉や草も燃やせるものですが、量的には圧倒的に木材が中心でしょう。人類がヒトとなったときに道具と共に「火」を手にしました。火は生物の一種としての人類が生きられる範囲を超えた寒冷な環境下での生活を可能にし、また、食糧として利用できないものをあく抜き、毒抜き、そして調理という操作を可能にして食卓に

加え、また、土器を焼く熱源、外敵と戦う武器ともなってヒトの暮らしを支えました。まさにその火は再生可能エネルギー源である木材によって賄われてきたのです。

2．日本の森林帯

森林帯の垂直分布と水平分布

　植物は種類が違えば食糧としての利用価値も木材の性質も、生育している場所も成長の仕方も異なります。だから縄文人がどんなところに生活しているかによってそこで得られる「森の恵み」は質も量も異なってきます。縄文人の植物利用を考えるうえで、まず、日本列島にどんな森があったかを知る必要があります。

　現在の日本列島は大きく分けて暖温帯常緑広葉樹林（照葉樹林）、冷温帯落葉広葉樹林、亜高山帯・亜寒帯針葉樹林という3つのタイプの森林帯があります（図1-3）。

　暖温帯常緑広葉樹林　気候的に暖温帯に位置し、日本列島を含む東アジアでは葉のクチクラ層が発達して表面がテカテカしている常緑樹が優占するので照葉樹林とも呼ばれています。構成種はシイ類、カシ類、タブノキ、ヤブツバキ、サカキ、モチノキ、ユズリハなど、実に多様です。このタイプの林は、現在では仙台平野及び新潟平野あたりから南西の本州、四国、九州の平地から山地の低標高のところに拡がっていますが、この森林が成立する土地は温暖で、昔から人びとの活動が一番盛んでした。南九州から琉球列島を除けば現在では自然植生というものはほとんど失われ、「鎮守の森」や「社寺林」などとしてわずかに残っている程度です（口絵3）。シイ類やカシ類など、木の実が食糧となるものが多くありますが、常緑樹林であるため林内は大変暗く、林床植物は貧弱です。

　冷温帯落葉広葉樹林　気候的に冷温帯に位置し、落葉広葉樹で構成されている森林です。北海道の南西半分、東北全域、そして本州から九州の内陸部の標高

図1-3 現在の日本列島の森林帯（本多 1912より作成）

が少し高くなったところに拡がる森で、ブナ、ミズナラ、ケヤキ、シデ類、サクラ類、カエデ類など、やはり多様な樹種で構成されますが、現在ではブナが優占する林が拡がっていることから「ブナ帯」という言い方もされます（口絵4）。ミズナラ、オニグルミといった木の実が食糧となるものが多くあり、また、落葉樹の葉は薄く、夏でも林内は比較的明るいので林床植物が豊富で「山菜」や芋・球根類も豊富です。

亜高山帯・亜寒帯針葉樹林　北海道から本州、四国の標高の高い地域に広がっ

ているマツ科の針葉樹が主体の林です（口絵5）。北海道ではトウヒ属のエゾマツとアカエゾマツ、モミ属のトドマツが主な構成樹種です。本州ではモミ属のアオモリトドマツ（オオシラビソ）とシラビソ（シラベ）、トウヒ属のトウヒ（エゾマツの変種）、ツガ属のコメツガなどから構成されます。四国ではシラビソ1種のみで、シコクシラベと呼ばれたりしますが本州のシラビソと同じ種類のようです。また、本州中部には針葉樹では唯一の落葉樹、カラマツがあります。こういった針葉樹が優占する林に一緒に生える落葉広葉樹は少なく、ダケカンバが目立ちます。ヒトにとって食糧となる木の実がほとんどなく、また常緑の針葉樹が優占するので林内は非常に暗く林床植物も貧弱で、食糧となる山菜や球根類などはわずかです。なお、北海道では、道東・道北地方には平地にこの針葉樹林がところどころありますが、北海道の大部分ではミズナラなどの落葉広葉樹とエゾマツ、トドマツが混生していて北方針広混交林という言い方がされています。

様々な名前の「〜林」

ここで一般にも使われ、本書でも登場する様々な「〜林」について、私なりに整理しておきます。生態学的には正しくない部分もあるかと思いますが、私がどういう意味でその名前を使っているのか理解いただく一助になればと思っています。

原始林・原生林・天然林・自然林　前項の「日本の森林帯」に登場した林が基本的にこれにあたります。原始という言葉は文明が成立する以前の人類の時代をいうので、そういった時代から現在までヒトの手がつかずに保たれてきた森ということになります。原生林はそれほどでもないけれどそれに近い、というような意味で使われているようです。天然林というのは人間が木を伐ったり、枝打ちしたり、木を植えたりしていないところ、ということなのでこれもほとんど同じ意味でしょう。

自然林は先の3つと少し意味合いが違います。人工林に対比した言葉で、ヒトがあれこれしていない林、くらいの意味のようで原始林などよりもっと身近

だといえます。

　本書ではこれらの言葉を特に深い意味の違いを以て使い分けることはしていません。話しの流れで違った表現になったりすることがあります。

　極相林　前項の「日本の森林帯」に登場した林がこれにあたります。生態学には「遷移説」というのがありまして、何も植物が生えていない裸地から時間の経過と共に様々な植生が成立し、遷移していき、ついにはその土地の気候等の条件の下でそれ以上遷移しない植生になるといわれ、その最後のステージを極相、その途中段階にあるのを途中相といいます。日本列島の場合は高山帯を除きこの極相は森林になるので極相林と呼ばれます。極相林は基本的に前の項と同じものです。

　二次林、再生林　「遷移説」では極相林が山火事やヒトによる伐採などが行われるとそこから新たな遷移が始まりますが、これは全くの裸地からスタートした遷移（一次遷移という）とは違った条件から始まるので一次遷移とは違った「経路」（二次遷移という）を経て同じ極相林になっていきます。土壌が残っていて栄養分がある、埋土種子があるなど一次遷移のときより植物が生育しやすい条件が揃っているので比較的短時間で植生が成立します。こうしてできた最初の森が二次林です。二次林はやがて極相林へと遷移していくことになります。再生林という言葉は森林が崩壊した後にできてくる林のことで二次林と基本的には同じ意味です。

　雑木林・薪炭林・里山　再生した二次林はそのままでは「自然林化」して極相林となっていきますが、二次林ができたところで再び木を伐るとまた二次遷移が始まることになります（これを三次遷移とはいいません）。そして二次林が再生したところでまた木を伐る、ということを長い年月にわたって繰り返してきた林が雑木林です。天然林を伐ってできる二次林とは組成（雑木林の組成の方が「定型的」）と林の構造（萌芽株が多いなど）に若干の違いがあります。薪をとり、炭焼きをするために繰り返し伐られてできた二次林が薪炭林ですから、基本的には雑木林と同じです。里山とは私の考えではムラの周囲の雑木林が拡がっているところで、土地の起伏、高低は問いません。

人工林　ヒトが木材生産あるいは他の林産物などを目的に地ごしらえし、タネあるいは苗を植え、管理してできた林のことです。雑木林は人工林だ、という人がたまにいますが、人の手が入ったから人工林というのではありません。

3．縄文人の棲んだ森

花粉分析

　いま紹介しましたのは現在の日本列島の「メジャーな森林植生」ですが、地球は長い年月の間には気候も環境も変化してきたことが知られています。気候が異なれば植生も異なるので、気候の変動に伴って日本列島の植生も変遷してきました。では、縄文人はどんな森に棲んでいたのでしょうか？　昔、そこにどんな森があったのか、どんな植物が生えていたのか、などを知るにはいくつかの方法があります。遺跡の植生環境を知るのによく使われる研究法には花粉分析、種実遺体分析、木材遺体分析の3つの方法があります。

　花粉分析とは土層中に何の花粉がどれだけ残っているかを抽出して調べるもので、通常は百分率で示します。花粉は植物が生殖をするための直径が数十から百ミクロン程度の丸〜楕円形をした「粒」ですが、親の花の雄しべから離れて別な花の雌しべに到達するまで大気中や水中を「旅」しなければなりません。この旅の間、乾燥や様々な「外敵」から身を守るためにスポロポレニンという物質でできた非常に固く丈夫な外壁を持っています。また、離れている雌しべに花粉が確実に届くようにと沢山の花粉をつくります。運よく雌しべに到達した花粉が受精してめでたく種子を結ぶのですが、それは作られた花粉のごく一部で、大部分は昆虫などのエサになったり、地面に落ち、あるいは水に流されて湖や海の底に泥や砂と一緒に堆積します。こうして堆積物中に入りこんだ花粉は分解されることなく、何千年、何万年どころか1億年を超えて化石として残ります。この化石を取りだして顕微鏡で見ると、花粉の内容物は失われているものの、スポロポレニンの外壁はちゃんと残っていて、その大きさ、かたち、表面模様などでそれがどの植物の花粉であるかが「だいたい」わかりま

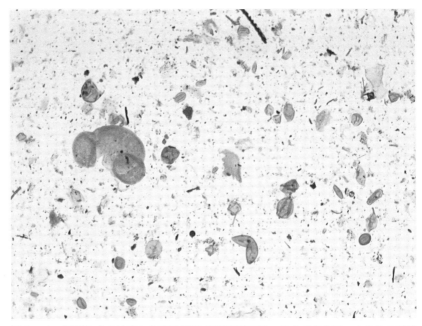

図1-4　堆積物から抽出した花粉化石（顕微鏡写真）　さまざまな形、大きさの花粉の他、胞子や有機物の破片、鉱物破片などが見える。

す（図1-4）。ここで、だいたい、といったのは似た種類同士の花粉はやはりよく似ていて一つ一つの種類を識別できないのが普通だからです。その結果、たとえばヤマモミジやイタヤカエデなどの花粉は「カエデ属」とまとめて分類されます。コナラ、カシワやアカガシ、イチイガシなどは植物分類学上はブナ科のコナラ属に属していますが、花粉形態の違いからコナラ、カシワなどのコナラ亜属とアカガシなどのアカガシ亜属とが区別できます。一方、針葉樹のイチイ科、ヒノキ科、イヌガヤ科の花粉はどれもこれも特徴がなく似通っていて区別できないので「イチイ科-ヒノキ科-イヌガヤ科」とひとまとめにせざるを得ません。一方、花粉の運ばれ方には大きく「風媒」と「虫媒」があります。これは花粉が風に乗って雌しべまで運ばれていくものとハチやチョウなどにより運ばれるものの違いですが、風媒花は丸くて表面が滑らかな花粉を非常に沢山つくり、虫媒花は一般に粒が大きくて表面がでこぼこしたり、表面に

粘液があって昆虫にくっつきやすかったりする花粉を風媒花より遥かに少ない数つくります。その結果、土層中から検出した花粉の百分率では風媒花は比率が多く、虫媒花は非常に少なくなりますので、その百分率がそのままそこに生えていた植物の本数や量の比率とはならないことには注意する必要があります。花粉の残りやすさや同定できる精度、百分率の意味などいろいろ問題はありますが、遺跡の植生環境を知る上で花粉分析という方法は非常に有効であることは間違いありません。

下宅部遺跡の縄文時代の森

　東京都東村山市の下宅部遺跡は縄文時代中期（約5,300年前）から晩期（約2,800年前）にわたって縄文人の水辺での生活の様子がよくわかる遺跡です。この遺跡での花粉分析の結果（図1-5）を見ると当時の遺跡周辺の植生がわかります。

　この図の下段は右端に書いてあるように花粉帯ではS-1～S-2、縄文時代中期中葉～後葉（5,300～4,500年前頃）です。最も多いのはクリで総樹木花粉の30～40％以上もあります。次いでコナラ、クヌギなどのコナラ亜属が20～40％、それ以外は目だって多いものはありませんが、1％以上あるのは、クルミ属、エノキ属－ムクノキ属、キハダ属、ヌルデ、トネリコ属、1％前後～1％以下なのがスギ、コナラ属アカガシ亜属、ケヤキ属型、カエデ属、それにイヌブナ、シイノキ属、クマシデ属－アサダ属、モミ属、イチイ科－ヒノキ科－イヌガヤ科、サンショウ型、トチノキなどが見られます。この結果から当時の遺跡周辺の森林を推定すると、クリ、コナラが優占し、エノキあるいはムクノキ、カエデ属、イヌブナ、クマシデ属あるいはアサダ属の混じる落葉樹林が目に浮かびます。沢沿いや流れに沿った斜面にはオニグルミ、キハダ、ヤチダモなどもあり、また、開けた場所や二次林に特徴的なヌルデも結構生えていた、そういった様子が見て取れます。常緑広葉樹はカシ類とシイノキがわずかにあったようです。大量に花粉を生産して現代人を悩ませているスギですが、スギの花粉は遠くまで飛ぶことと、1％以下であることから、この遺跡周辺は

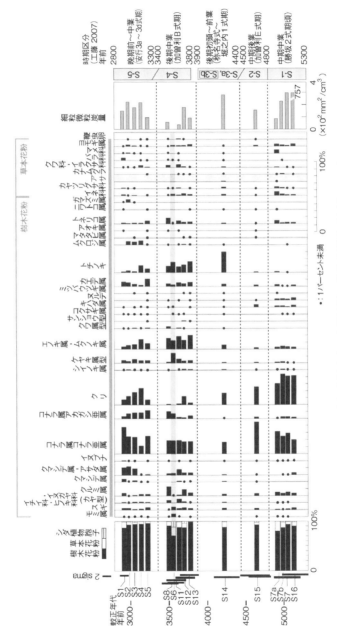

図1-5 東京都東村山市下宅部遺跡の花粉分析図（吉川ほか 2014）

もとより、かなり離れた地帯（おそらく関東平野全体）にはスギの林はなかったのではないでしょうか。このように花粉分析結果から推定された森は、樹種は一部重なりますが、暖温帯の常緑広葉樹林（照葉樹林）とも冷温帯の落葉樹林とも違うようです。

　図1-5のS-3a～S-4花粉帯は縄文時代後期初頭～中葉（4,400～3,500年前頃）にあたり、この遺跡が最も栄えた時期です。この時期で優占しているのはコナラ亜属とエノキ属・ムクノキ属、それにトチノキです。クリはサンプルによって数～10数％に変動し、サンプリング地点によって大きく異なるようです。クマシデ属-アサダ属、ケヤキ属型、カエデ属も比較的多く、また沢沿いや湿地に多いクルミ属、トネリコ属も少なくありません。なお、この時期の後半になると常緑のカシ類（アカガシ亜属）が目だって増えてきて、それは次の縄文時代晩期へと続きますが、カシ類以外の常緑樹はほとんどないことから、遺跡周辺が照葉樹林に変わった、といえるほどではありません。これらを総括すると、縄文時代中期と同じく、照葉樹林でもなく冷温帯落葉広葉樹林でもない林が遺跡周辺に拡がっていたことになります。ここで注目すべきことはトチノキです。トチノキは縄文時代中期にはわずかであったものが、後期初頭～前葉のサンプルでは実に30％もあり、後期中葉で10～20％、晩期（S-5期）で数～10数％もあります。トチノキの花を見たことがある人なら、これが「虫媒花」であることに気づくでしょう（図1-6）。花粉は風で飛ばされることがないので、花がしおれて落ちるときに花がらと一緒に雄しべに残った花粉も親木のまわりに落ちますので、落ちた花がらが水流で運ばれたりしない限り、花粉が親木から離れたところに溜まることはありません。したがって10％を超えるような花粉の産出はまさに親木があったすぐそば、あるいは「トチノキ林」といえるほど木が集まっている中での分析結果であると考えられます。このようなトチノキの「優占」については後に改めて検討することにしましょう。

　さて、図1-5の一番上のS-5花粉帯は縄文時代晩期の前葉～中葉（約3,300～2,800年前）にあたります。この時期は基本的にこの前の後期中葉と変わりませんが、クリがこの時期前半で20％を超えるほどまでに再び多くなり、

図1-6 トチノキの花(仙台市) 現在では山奥に行かないと見られないが、縄文時代には平地の遺跡周辺に多くあったようだ。

後半では順次比率が小さくなっていきます。さらに、後期中葉からの変化としては、時期が下る(図では上になる)につれてエノキ属・ムクノキ属、トチノキ、アカガシ亜属等がだんだん減っていくこと、代わってコナラ亜属がさらに優勢になり、クマシデ属－アサダ属が目だって多くなること、等です。この変化はどんな意味を持つでしょうか。クリ、トチノキの減少は、これはまた後に詳しく検討しますが、遺跡の衰退の表れで、コナラ亜属とクマシデ属－アサダ属の増加は「自然林」の拡大の表れであり、2つの事象は表裏一体の関係にあります。

このように縄文時代中期から晩期まで続いた下宅部遺跡ですが、この期間を通してみると、クリとコナラが最も優占し、そこに時期を多少とも違えてトチノキ、エノキあるいはムクノキ、クマシデ属あるいはアサダ、アカガシ亜属、クルミ属、カエデ属、トネリコ属などがあり、現在の関東平野の丘陵地の雑木林にトチノキ、ヤチダモなどを加えた森林植生であったことがわかります(口絵6)。つまり、遺跡周辺の植生というものは縄文人が木を伐り、ムラを作り、日々の生活をする中で周囲の自然林を二次林に変えた結果に他ならないと

いうことです。では、ヒトが森を改変する前にはどんな森があったのでしょうか？

4．縄文人が棲み始めた森

縄文人が棲みはじめる以前の森は？

　縄文人が「森を変える」前にはどんな森があったのかということを解き明かすには2つの軸で見る必要があります。一つは空間軸で、縄文人が生活しているムラの周囲は上に述べたように二次林（雑木林）ですが、それから離れるにつれてだんだんヒトの影響がなくなり、ついにはヒトがほとんど立ち入ったこともない原生林という図式が考えられます。今でも山奥の森が原生林、原始林などとして天然記念物や自然保護区として保護されていますが、それらもヒトの影響を大きく受けているのが現状で、本当の「人跡未踏の森」というのはほとんどありません。しかし、人口が今よりずっと少なかった縄文時代、ムラとムラの間には原生林が拡がっていたと考えられます。そういった原生林がどんな森であったかは、遺跡での花粉分析では人為の影響が色濃くわかりにくいので、湿原や大きな湖沼など、人里離れたところでの花粉分析から読み解くことになります。

　もうひとつの軸は時間軸です。遺跡というのは人類が人類となった始めから今まで人類が棲み続けてきたわけではなく、あるときのその場所で営みが始まり、あるときを以て終わるものです。ですから大きな時間差や環境の激変がない限り、遺跡が始まる前の堆積物の植物化石の分析結果は遺跡が始まった頃の植生をだいたい示していると考えられます。ただこれは遺跡の始まる前の植生だけであって、遺跡が栄えたときとか、遺跡が始まって終わるまでの間の途中の自然植生はこの方法ではわかりません。そしてすでに述べたように植生というものは気候によって変わります。地球の歴史の中で気候は大きく変動してきたことが知られています。そして今私たちが生活しているこの温暖な時期の前には非常に寒冷な「氷河時代」といわれる時期があったことがわかっていま

す。私たちの祖先である縄文人がこの日本列島に棲み始めたときの森はどんなだったのでしょう。

縄文時代が始まった頃の森は？

　縄文時代はいつ始まったのかは大きな考古学上の問題ですが、「門外漢」の私たちにとっても非常に興味ある問題です。千葉県の佐倉市にある国立歴史民俗博物館では「縄文はいつから⁉ ─ 1 万 5 千年前になにがおこったのか ─」という企画展を2009年から2010年にかけてやり、合わせて歴博フォーラム「縄文はいつから⁉」をやってその記録（「縄文はいつから⁉」新泉社、2011）をだしました。わたしも「植物相から見た縄文の始まり」というテーマで話をさせてもらいましたが、まさに、縄文時代が始まったとき、最初の縄文人はどんな森に暮らしていたのか、がテーマでした（鈴木 2011）。なにを以て縄文時代の始まり、とするかはこれも非常に大きな問題ですが、この企画展では「土器の始まり」＝「縄文の始まり」とすることで話が進められました。そして現在までに知られている最古の土器は青森県外ヶ浜町（旧蟹田町）の大平山元Ⅰ遺跡から出土したもので、その土器に付着していた炭化物の放射性炭素年代を測定したところ、今から約16,000年前のものであることがわかりました。この数字は非常に「驚異」的なものです。といいますのは、私が学生の頃には、氷河時代（最終氷期）が終わって地球が温暖化して植生が亜寒帯性の針葉樹林や草原から温帯性の広葉樹の森に代わって縄文時代が始まった、と教わっていたからです。

　口絵 7 に見るように16,000年前というのはどうにもまだ「氷河時代」のようです。この図は国立歴史民俗博物館の工藤雄一郎氏がグリーンランドの氷床コアの酸素同位体の分析結果から描かれた気候変動曲線を軸に、野尻湖の花粉分析による植生変動、動物相、旧石器時代と縄文時代の様々な文化要素、遺跡の年代を重ね合わせて作った図で、過去 5 万年間の気候変動と環境変化、そして日本列島における人類の活動を総合的に理解できます。約14,500年前以前の酸素同位対比は寒暖の変動が繰り返しあるものの、全般的に寒冷な気候であった

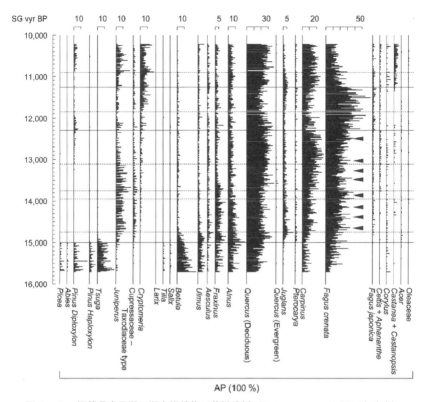

図1-7　福井県水月湖の湖底堆積物の花粉分析（Nakagawa *et al.* 2005を改変）

ことを示しています。特に約30,000〜23,000年前の間は非常に寒冷であったことを示しています。そして23,000年前以降はやや寒さが和らいだことを示しているものの、「寒冷な時期」であったことには変わりはないようです。それではこの頃の植生はどんなだったのでしょうか？

図1-7は福井県の若狭湾にある水月湖（すいげつこ）の湖底堆積物の花粉分析結果です。図の一番下が約15,700年前と、ちょっと16,000年に届かないのですが、ほぼその頃の植生を表していると思います。一番下から15,000年前までの間を見ると、一番多いのがカバノキ属 *Betula*、次いで針葉樹のツガ属 *Tsuga*、そしてナラ類 *Quercus* (Deciduous)、マツ属の複維管束亜属（＝二葉松類：アカマ

ツ、クロマツの仲間）*Pinus Diploxylon*、単維管束亜属（五葉松類：ヒメコマツ、ハイマツの仲間）*Pinus Haploxylon*、ハンノキ属 *Alnus*、ニレ属 *Ulmus*、クマシデ属 *Carpinus*、ブナ属 *Fagus*、トウヒ属 *Picea* と実に多様です。カバノキ属、トウヒ属、ツガ属などの存在は、ダケカンバを多くまじえた亜寒帯性の針葉樹林が水月湖の周囲の山地斜面にあって、湖岸付近は湖水による温暖化効果により冷温帯性の落葉広葉樹林があったことを示しているといえましょう。

これは福井県の若狭での花粉分析結果ですが、ここから遠く離れた大平山元Ⅰ遺跡の植生はどうだったのでしょう。残念ながら大平山元Ⅰ遺跡あるいはその付近、さらに津軽半島と範囲を拡げても16,000年前頃の森林植生を示すデータというのは見あたりません。そこで、少し距離はありますが青森・秋田両県の境にある十和田湖（十和田火山）の大噴火で埋もれた埋没林のデータを見てみましょう。

十和田火山の大噴火

美しい水をたたえた十和田湖が火山のカルデラであることは多くの方が御存知のことでしょう。実際この「十和田火山」は過去に大きな噴火を何回も起こしていますが、今から約15,000年前のある冬の日に巨大噴火を起こし、秋田県の東半分から青森県の南半分、三八上北地方、そして岩手県北部という非常に広い範囲を十和田-八戸テフラ（噴火の際、火山からはき出される火山灰や軽石、火砕流堆積物等をまとめてテフラと呼びます）が埋め尽くしました（図1－8）。この大噴火でこの地域に拡がっていた大森林がなぎ倒され、埋積されてことごとく消滅しました。なぎ倒された幹や幹を失った立株がテフラによってパックされた埋没林ができあがったのです（口絵8A）。なぜ「ある冬の日」といえるのかというと、樹皮を付けたまま枯死した針葉樹の一番外側の年輪を顕微鏡で見ると、その年作られるべき年輪の一番外側の組織が作られているけれどその翌年春に作られるべき組織が作られていないことから、冬の間におきた、ということが推定されたからです（寺田他 1994）。実際、埋没林を埋め尽

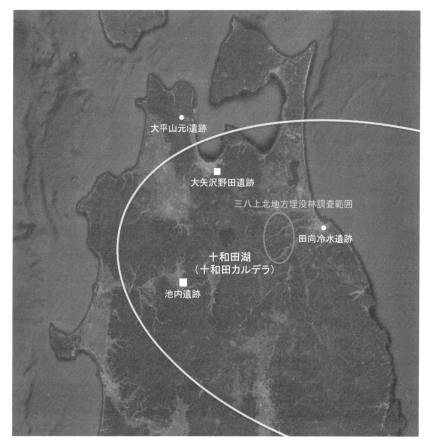

図1-8　十和田八戸テフラの分布範囲（工藤 2011を元に作図）　白色の線はテフラの分布境界（東側に分布）。埋没林は埋没林調査範囲のみならず、青森市の大矢沢野田遺跡、大館市の池内遺跡でも調査された。田向冷水遺跡ではテフラ直下の堆積物で花粉分析がされている。

くしている火山灰の一番下の部分には掘りだした瞬間はまだ緑色をしている常緑のトウヒ属の枝葉（口絵8B）と葉のついていないカラマツ属の枝が出てきましたので、カラマツ属の樹木が落葉している季節、すなわち冬であることが追認されます。

　ではこの埋没林、どんな木で構成されていたのでしょうか？　図の楕円で示

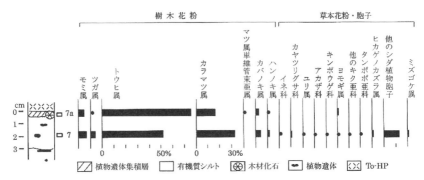

図1-9　十和田八戸テフラ直下の花粉分析結果（吉川昌 2008）　分析試料採取地点は口絵8Bとほぼ同じ青森県新郷村間木田。資料番号7aが直下の泥炭質土壌、7はそれより2cmほど下（より古い）。

した「三八上北地方調査範囲」で採取された木材の小片を剃刀刃で薄く切って顕微鏡で調べた結果、カラマツ属、トウヒ属、モミ属というマツ科の3つの属で構成され、1）カラマツ属の木は大きく、モミ属の木は小さいものが多い、2）個体数はトウヒ属が一番多い、3）地点によりその構成比率は異なる（カラマツ属が優占する林分、トウヒ属が優占する林分といった違いがある、モミ属が優占する林分というのはなかったようだ）、などがわかりました（Noshiro et al. 1997）。このことは十和田-八戸テフラ直下の泥炭質の土壌の花粉分析の結果にもよく現れています。図1-9の7aの試料はまさに噴火で埋没されたときに生えていた樹木が根を張っていた土層です。トウヒ属が76％を占め、カラマツ属も16％、それにモミ属が5％ほどで、あとはカバノキ属、ツガ属、五葉松類、ハンノキ属が少しあり、木材の樹種同定結果とよく一致します。また、十和田-八戸テフラ中から得られたトウヒ属の毬果（いわゆる松ぼっくり）化石のDNAを解析した結果、現在は中部地方の八ヶ岳にのみ産するヤツガタケトウヒに近い種類であることもわかりました（Kobayashi et al. 2000）。そしてこのような埋没林はここだけではなく、十和田湖の反対側の秋田県大館市の池内遺跡、十和田湖の北に位置する青森市大矢沢野田遺跡でも見つかり、その樹種組成も三八上北地方のそれと全く一致することもわかりまし

た（寺田・辻 1999、青森県教育庁文化課編 2000）。

　青森県八戸市内にこの十和田-八戸テフラに覆われた田向冷水遺跡があります。この遺跡の十和田-八戸テフラの下から旧石器に分類されるナイフ形石器や石器を作るときにできる剝片など数万点にも及ぶ遺物が出土しました。ナイフ形石器は大平山元Ⅰ遺跡から出土した石器と同じ型式に分類されるもので、大平山元Ⅰ遺跡との違いは「土器がない」ことくらいのようで、北東北にはこれと同じ型式の旧石器が出土した遺跡が他にもあります。旧石器といっしょに出土した炭化材の年代が測定されていて、やはり15,000年前ほどの値が出ています。そうしてみると、この田向冷水遺跡では十和田火山が噴火する直前まで「田向冷水人」が旧石器を使って生活していたのでしょう。その人たちは土器は残していないので、果たして大平山元Ⅰ遺跡と同じように、最初の縄文人であったかどうかは残念ながらわからないことになります。

　以上の十和田-八戸テフラに覆われた埋没林とその土壌の花粉分析や木材化石、毬果化石の研究の結果を援用すると、津軽半島に位置する大平山元Ⅰ遺跡の約16,000年前の森林はトウヒ属を主体として、カラマツ属をかなり交え、モミ属もある亜寒帯性の針葉樹林で、そこにはカバノキ属（おそらくダケカンバ）、開けた低地にはヤナギ属などが生えている、北海道の道東、道北、それにサハリンなどに見られる針葉樹林に似た林が拡がっていたのだろうと考えられ、そういった視点での復原画が制作されました（口絵9）。遺跡は蟹田川のほとりの平坦な段丘の上にあり、そこで土器を使って煮炊きをしたと考えられています。遺跡自体は森の中というよりはひらけたところですが、その背後の山地には針葉樹の林が果てしなく拡がっていたのではないでしょうか。復原画製作に携わった工藤氏はこの絵に書き込みをして「最初の縄文人」の生活と環境をわかりやすく示してくれています。この復原画を見ると明らかなように、こういった森から木の実などはほとんど得ることができないので、土器が木の実の調理やあく抜きに発明されたとはちょっと考えにくいようです。縄文人は何のために土器を発明したのか、これも考古学上の大問題ですが、誰もが納得する解答は未だ得られていないようです。

第一回目の温暖化：約15,000年前〜12,500年前

　口絵7を見ていただくとわかるように、今から約15,000年前に急激な温暖化が起こり、それ以降、徐々に寒冷化しながらもやや温暖な時期が約2,500年間続きます。そういった目で図1－7を再び見ると、この15,000年前を境にカバノキ属、ツガ属、マツ属、トウヒ属といった亜寒帯性の針葉樹がぐっと減り、代わってコナラ亜属、ブナ、クマシデ属が急激に増え、クルミ属も現れます。これは明らかに亜寒帯性の要素が衰退して冷温帯の要素が繁茂したことを示しており、まさに温暖化に対応したものといえます。なお、なぜだかわかりませんが、この温暖な期間にヒノキ科のネズミサシ属の花粉が顕著に多くなります。ハイネズあるいはネズミサシなどが繁茂したのでしょうか。

　口絵7の中段にありますように初めての土器が現れたこの時期を縄文時代の草創期といい、この一時的な温暖化が起きた頃の土器型式は最古段階より一つ進んで隆起線文というのだそうで、この時期になって土器が「普及」したといいます（工藤 2011）。「モノ」というものはある目的を達成するために発明されますが、それが普及していく過程で当初の目的とは違った使い方もされるようになり、却ってそれが主流となってさらに発展していく、ということはよくあることです。針葉樹の優占する森で生まれた土器が、落葉広葉樹林という新たな環境の下で植物性食糧の調理に使われるようになった、というのは十分考えていいのではないでしょうか。

　12,500年前以降、地球環境は再び寒冷化しますが、もう15,000年前より以前ほどの寒さはなくなります。図1－7の水月湖の花粉分析結果を見てもトウヒ属やツガ属が再び現れることはなく、むしろ、ブナの増加とコナラ亜属とクマシデ属の減少など、冷温帯性の広葉樹同士での比率の違いとなって現れています。この寒冷な時期は1,000年ほど続きますが、その間、国内の縄文時代の遺跡は少しずつ増えていきますので、縄文人の活動が緩やかに活発化していったようです。

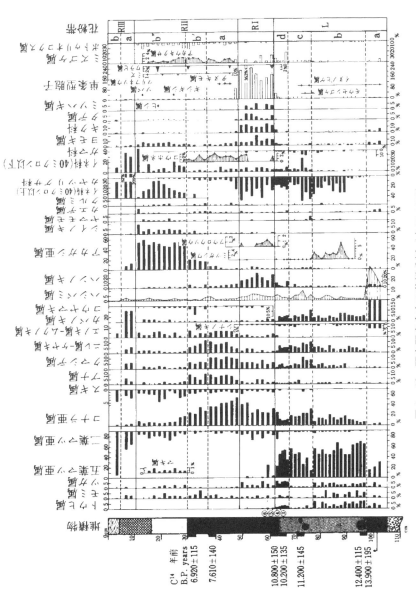

図1-10 羽曳野市古市の花粉分析（安田 1978）

本格的な温暖化：11,500年前

　そして今から約11,500年前、急激な温暖化が始まります。第1回目の温暖化より規模が大きく、そして長く続き、現在にまで至ります。この温暖化の様子は各地で行われた花粉分析結果でよく見て取ることができますが、ここは大阪平野の大阪府羽曳野市の花粉分析結果（図1－10）で温暖化の跡をたどってみましょう。図の一番下の放射性炭素年代は13,900±195yBPですので、暦年代に直すとおよそ16,600年前で、初めての土器がつくられた未だ寒かった頃となりますが、そのすぐ上の値が12,400±115yBPで、これの暦年代はおよそ14,400年頃となりちょうど温暖化が始まった頃といえます。花粉帯ではLaからLbへの変化としてカバノキ属の急激な減少とゴヨウマツ類の急激な増加で特徴づけられ、これは水月湖の結果とよく一致します。次の大きな変化は放射性炭素年代で10,200±135yBPと10,800±150yBPという値が得られているところで、この暦年代はおよそ12,000年前前後となります。花粉帯ではLdからRlへの変化で、ゴヨウマツ類、トウヒ属、カバノキ属がほぼなくなり、代わってコナラ亜属が急激に増え、スギも現れるようになってきます。ここでは亜寒帯性の樹種が明確に衰退し、温帯性の落葉広葉樹が取って代わるのがよくわかります。なお、同時にハンノキ属も急激に増えますが、これは気候の温暖化というよりはむしろ生育地の湿性化の反映とみられます。そして放射性炭素年代で7,610±140yBPの頃（暦年代でおよそ8,400年前）に常緑広葉樹のアカガシ亜属（カシ類）が増え始め、6,920±115yBPの頃（暦年代でおよそ7,800年前）にはコナラ亜属と逆転し、落葉広葉樹としてそれまで比較的多かったブナ属、クマシデ属、ニレ属－ケヤキ属、エノキ属－ムクノキ属等がことごとく激減しているので、この時期に落葉樹林から照葉樹林にいれ代わったことがわかります。

　このように、11,500年前頃に始まった本格的な地球温暖化により日本列島の植生は大きく変わりました。そうした中で縄文人はクリと出会ったのです。

5．クリ、縄文人と出会う

クリはいつから生えていたのか？

次章に述べるようにもともとクリ（属）は日本列島に非常に古くから生育していた樹木ですが、寒冷であった最終氷期には列島からほとんど姿を消し、どこか沿岸部の局所的に温暖な場所（レフュージア refugia 待避地という訳があてられます）にきっと息を潜めて生きていたと思われます。そうやって過酷な寒冷期を乗り切って温暖化が進んでクリが再び表舞台に出てくることになります。

図1-7の水月湖の花粉分析結果をよく見ると「クリ属＋シイノキ属」の花粉は約11,500年前より前にもぽつりぽつりと出ているのですが、連続してある程度の量が出るようになるのは約11,500年前を契機としてそれ以降であることがわかります。まさに本格的な温暖化が始まってからとなります。ただ、クリの花粉はシイノキの花粉とよく似ていて区別が難しいためこの分析では一緒になっています。この「クリ属＋シイノキ属」がシイノキである可能性を否定することはできませんが、一緒に出てくる花粉がみんな冷温帯性の落葉広葉樹なので、常緑樹のシイノキではなく落葉性のクリと考えて間違いないと思っています。一方、羽曳野の結果（図1-10）にはシイノキ属という欄はあるのにクリ属という欄がありませんのでこの地点ではクリの花粉は全く検出されなかったということのようです。クリは次章に述べるように暖温帯から冷温帯にかけて広く分布する樹種ですから、水月湖の結果は地球温暖化に伴ってクリが生えるようになったのを表しているのでしょう。この結果は花粉分析で氷河期以降にクリが出現するようになる一番古い例の一つのようです。それではクリはいつ縄文人に出会ったのでしょうか？

縄文人、クリを食す

森を歩いている縄文人がクリの木を目の前にしたとしても、これを「出会っ

図1-11 粟津湖底遺跡のクリ塚（辻誠一郎氏提供） 砂層にパックされた黒色層がクリの果皮からできている。

た」とは普通はいわないと思います。出会った、とは何かしらそこに他の樹木とは違う関係が成り立つ、ということでしょう。クリとヒトの間に成り立つ特別な関係の一つは「ヒトに食べられる」ということでしょう。では、縄文人がクリを食べたと考えることができる記録はいつまで遡れて、それはどこだったのでしょうか？

　日本一の面積をもつ湖、琵琶湖の水は大津市の市街から瀬田川となって流れ出しますが、その流れ出し口にほど近い湖の底から、貝塚を伴う遺跡が発掘されました。粟津湖底遺跡と名付けられたこの遺跡では縄文時代早期～中期の様々な遺構・遺物が検出されています。その中で特筆すべきことは縄文時代早期の自然流路の岸近くの部分にありました「クリ塚」です（図1-11）。人が捨てた貝殻がたくさん溜まったものが貝塚ですが、これは剝かれたクリの「皮」（果皮といいます）がたくさん溜まったものなのでクリ塚と呼んでいます。「剝かれた」ということは人間が食べるために皮を剝いて捨てたというこ

とですので、これは縄文人がクリの実を食べた確実な証拠ということになります。貝塚が貝殻だけでなく様々な生活残渣や遺物を含んでいるのと同じように、このクリ塚からもヒョウタンの種子および皮（果皮）、カゴ編物、縄、紐等様々な遺物が出土しました（植田・辻 1995）。クリの果皮の放射性炭素年代は9,330±110yBP（辻他 1992）で、暦年代を計算するとおよそ10,500年前になり、本格的な温暖化が始まって1,000年くらい後になります。どうやら今までに報告された中ではこれがヒトがクリの実を利用した一番古い記録です。なお、この遺跡ではもっと下位の地層、つまりこれより古い地層からは人が食べた痕跡のないクリの実も出ているので、遺跡周辺にはもっと前からクリが生えていたようです。クリが生えていた場所の近くに縄文人が生活していたのならそれを利用してもおかしくはないのですが、遺物としての出土がないのでなんともいえません。

縄文人、クリの木を使う

　クリは食糧として重要であるとともに木材が有用であるところに特長があります。後に述べるように建築・土木用材から始まってありとあらゆる用途に用いられてきています。縄文人が家を建てるようになったのは縄文時代草創期の早い段階からで、旧石器人も家のようなモノを建てていたようですが、詳しいことはわかっていません。栃木県宇都宮市の野沢遺跡では縄文時代草創期の住居跡が検出されています。3つの住居跡から得られた7点の炭化材は5点がクリ、2点がナラ類（コナラ属コナラ節）で、そのうちの6点の放射性炭素年代は11,390±50〜11,860±50yBPの範囲にあるとのことです（パリノサーヴェイ 2003）。これを暦年代に換算しますとおよそ13,800〜13,200年前という値になり、今のところこれがクリを人間が利用した最も古い事例でしょう。この年代値は口絵7でみると第1回目の温暖化の中頃で、この遺跡からは縄文時代草創期の隆起線文土器が出土しているとのことです。静岡県沼津市の葛原沢第Ⅳ遺跡でも住居跡の炭化材にクリがあり、同じ住居跡から出土した炭化材4点の放射性炭素年代値（パリノサーヴェイ 2001）を暦年代に換算すると13,400〜

図1-12 鳥浜貝塚から出土した縄文時代草創期のクリ材（福井県立若狭歴史博物館蔵）
丸太を1/4に分轄し、両端を尖らせた木材で用途は不明。表面の一部に見える布目は遺物をくるんでいた布のプリントで遺物そのものの模様ではないことに注意。年代測定の結果は暦年代で約12,000年前。

9,200年前と、大変幅が広い値となりましたが、野沢遺跡と同時期あるいはそれよりあとの時期といえるようです。

　住居跡の炭化材以外で最も古いクリの木材（加工木）の出土は福井県の鳥浜貝塚からです。人間が加工を施した痕跡のある縄文時代草創期のクリ材がいくつか出土しています。TR-98（図1-12）は長さ32cm、太さ約9cmの丸い棒状の材で、両端が尖らせてあります。これは丸木ではなく、丸太を1/4に分轄し、両端を尖らせた木材で用途は不明です。これの年代を測定した結果、暦年代で約12,000年前であることがわかりました。これ以外に丸木で先を尖らせた杭状の木材や焦げた板材の破片など、何点かを調べたところほぼ同じ年代でした。時期的には本格的な温暖化が始まる少し前で、一緒に多縄文土器が出ています。また、人が加工した痕跡のないクリの「自然木」もこの遺跡から少なからず出土していて、下位の堆積層から出土した何点かについて放射性炭素年代測定をしたところ、最も古いもので約12,700年前（暦年代）という結果が出ました。同じ層からは爪形・押圧文土器が出土しています。これは先に紹介した「加工木」より700年ほど古いことになります。

　この遺跡では花粉分析も行われています（吉川昌他 2016）。図1-13の最下部の12,165±40yBPという放射性炭素年代は暦年代にすると14,000年前くらいで、その上の2つのサンプル（38-T24、39-T25）もあわせてみるとクリの

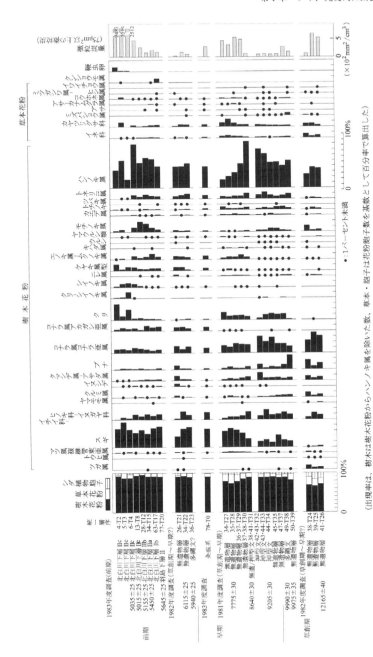

図1-13 鳥浜貝塚の花粉分析結果（吉川昌他 2016を改変）

花粉はほとんどありません。それがその上の9,975±30yBP（暦年代で11,500年前頃）の年代のサンプルの一つ上（49-T38）になると10%レベルに跳ね上がり、それが9,205±30yBP（暦年で約10,400年前）の年代値が出ている押型文期まで維持されます。これは遺跡にかなり近い場所にクリが1,000年くらい継続してあった、ということを示しています。これはまさに本格的温暖化が始まったときで、この遺跡で人びとの活動も活発になった時期に一致します。このように、花粉化石としてはっきり認められるようになるのはクリの自然木、加工木の出土より少し後になるということで、木材として使われ始めた頃は花粉分析で検出できるほどには未だクリが多くなっていなかったのか、分析試料の採集地点の差なのかはよくわかりませんが、この頃からクリが登場してきたとみることに間違いはなさそうです。一方、水月湖の花粉分析結果（図1－7）をそのつもりで改めて見てみますと、クリ花粉（正確にはクリ属＋シイノキ属）が連続して出てくるようになるのは11,500年前以降の本格的な温暖化のときですが、それ以前の14,000〜12,000年前の間も、低いレベルながらぽつりぽつりと出ていることがわかります。これは今の考え方を支持しているようにも見えます。

　こうしてみると、最終氷期が終わりを迎え、第1回目の温暖化が15,000年前におきて日本列島の森林が亜寒帯性の針葉樹から冷温帯性の落葉広葉樹林に入れ替わるのにほぼ歩調を合わせてクリが寒冷な時期をやり過ごした「レフュージア」から出てゆっくりと拡がり始め、その後の一時的な寒冷化のときもその拡大は進行して徐々に縄文人にとって身近な樹木となり、そして、まずは木材を建築、土木などの用材として利用が始まった、といえるのではないでしょうか。つまり、クリは「有用な木材」を与えてくれる「木」として縄文人に認められたのでしょう。これがクリと縄文人のつきあいの始まりだったのです。

第2章 クリという木

1. クリの分類と分布

クリという植物

　クリは植物学的にいうと、被子植物のブナ科クリ属 *Castanea* のメンバーです。ブナ科というのは殻斗と呼ばれるもので果実の一部（ドングリのお皿）あるいは全部が包まれる（ブナ、クリなど）特徴があり、すべて樹木で、北半球の熱帯の山地から亜寒帯まで広く分布し、各地域で森林の重要な構成種となっています。ブナ科には私たちに馴染みの深い木が多く、冷温帯を代表するブナ（ブナ属）を始め、ドングリのなるナラ・カシ類（コナラ属）、照葉樹林を代表するシイノキなど様々なものがありますが、その中でクリ属は殻斗にとげが多数生えてイガとなる特徴があります（シイノキ属も殻斗にとげが多数生えるものがあります）。クリ属は世界の北半球に7種があり、北アメリカに2種、ヨーロッパ～西アジアに1種、日本～朝鮮半島南部に「クリ」が1種、中国には3種があります（図2-1）。多くは高木となりますが、北米の *Castanea pumila* は1mほどにしかならない低木です。いずれも実がおいしく、ヨーロッパの種（*Castanea sativa*, Sweet Chestnut）がマロングラッセなどの菓子に使われ、シナグリ（*Castanea mollissima*）があの「天津甘栗」の原料です。多くの種類で果実が食用として重要であるばかりでなく、木材としても利用されているのは日本と同様です。

日本のクリの植物学

　日本に分布するクリは学名を *Castanea crenata* Siebold et Zucc. といいま

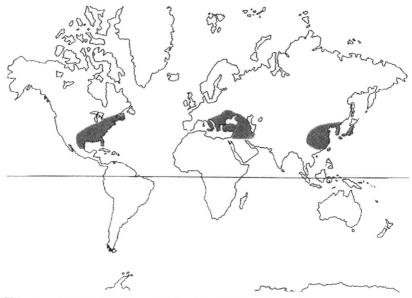

図2−1 クリ属の分布（Hora 1981） 北米東海岸に3種、地中海〜西アジアに1種、中国に3種、朝鮮半島〜日本に1種がある。

す。シーボルトが日本からオランダに持ち帰った標本をツッカリーニという人が調べて新種であることを発表したからです。野生のものはしばしば「シバグリ（柴栗）」とか山栗と呼ばれ、また外国のクリの種類と区別するために「ニホングリ」などと呼ばれたりしますが、いずれも同じもので、標準和名が「クリ」です。

　葉は互生につき、長さ7〜15cm、幅3〜4cmの長楕円形で、先端は鋭く尖り、また葉の縁には針状の鋸歯があります。春の芽出しは他の木より遅く、新緑の季節を過ぎた頃です。新しく伸びた枝の葉腋に細長い枝分かれしない長さ10〜20cmくらいの紐状の花序（尾状花序といいます）がつきます（口絵10A、B）。

　この紐状の尾状花序には蕾の状態（開花前）でみると軸に多数のつぶつぶがついていることがわかります。このつぶのひとつひとつが「一個の花」ならば普通の植物の花序と一緒ですからわかりやすいのですが、実はこのひとつぶ

ひとつぶはそれぞれ花の集まり、つまり軸が短縮した「花序」なのです。クリの1本の尾状花序にはこの軸が短縮した花序が数十個つきますが、雌の花序は根元に通常0あるいは1個、あとは全部雄の花序です。雌の花序では、この短縮した花序についている葉が変形した苞が何枚か合体して「総苞」となり、3つの雌花を包んでいます（口絵10C）。総苞は発達して殻斗になります。クリの殻斗が毬で、総苞に生えた突起が成長してあの痛い刺になります。雄花序は総苞の中に通常7個の雄花があり、総苞片と花の花被片（花弁、萼片にあたるもの）が集まったところから細長い花糸と先端に黄色くて小さい葯のある雄しべを十数本突き出します（口絵10C）。若葉が拡がった後、6月上旬くらいに開花し、独特の臭いを放つ虫媒花です。花が終わると雌花序のついているところから先の尾状花序はしおれて脱落します（口絵10D）。雌しべが受粉した後、毬が成長を始め、刺もどんどん伸びてゆき、夏の終わり頃には一人前の大きさになります。よく成長した毬の中には通常3つの実がなりますが（口絵11A）、2つ、あるいは1つだけの場合もよくあります。栗色をしたクリの実の中に渋皮に包まれた種子が1つだけあります。種子の大部分を占めるのはたっぷり栄養（デンプン）を蓄えた2枚の子葉で、私たちはこの部分を食べています（口絵11B）。

　クリの木は一般に成長が早く、幹の太さが20年で20〜30cm、100年で1mにもなります。幹の大部分を木材が占めるわけですが、クリの木材は年輪がはっきりして（図2-2）、やや硬く、割りやすい性質があります。耐久力、保存性は大変よく、特に水湿に強い特質があります。比重は0.60とそれほど重くはありません。大型建造物から一般の家屋の柱や土台回り、屋根葺き材、家具、農具、土木用材、鉄道枕木、下駄、薪炭材など実に様々に用いられてきました。

図2-2 クリの円盤 成長が早く年輪がはっきりしている。これは樹齢31年で直径約25cm。

2. クリの巨木を訪ねる

クリの分布

　クリは私たちに最もなじみ深い樹木の一つで、クリ園とかクリ林にある植えられたものばかりでなく、山に行けばどこにでも「柴栗」があるように思っている人も多いでしょう。でも、私が今住んでいる北海道の東部にはクリはありませんし、沖縄県にもありません。ではクリは日本列島のどこに生えているのでしょうか？

　図2-3は『有用樹木図説』（林 1969）という本に載っているクリの水平分布と垂直分布で、北は北海道石狩市、南は鹿児島県屋久島に点が打ってあり、日本列島に広く分布するのがわかります。トカラ列島以南の奄美、沖縄にはク

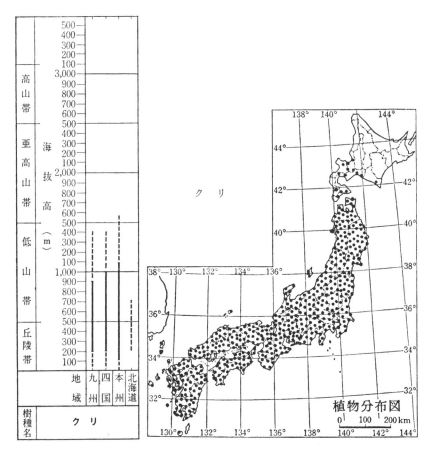

図2-3 日本列島におけるクリの水平分布と垂直分布（林 1969） 北は北海道石狩市、南は鹿児島県屋久島に点が打ってあり、日本列島に広く分布するのがわかる。生えている場所の標高は平地から標高1000mくらいまでの低山地であり、まさに里に生える樹木である。

リは生えていません。また、北海道の道北、道東にもありません。朝鮮半島では韓国内全域に普通に見られるようですが、野生のものと栽培されたものから広まったものとの区別が難しく、どこからどこまでが天然分布であるのかはっきりしないのは日本国内と同じです。クリが生えている場所の標高は平地から標高1000mくらいまでで、高い山にはありません。植生帯でいうと暖温帯の

常緑広葉樹林帯から冷温帯の落葉広葉樹林帯で、人口密度の高い地帯にあたり、まさに人里近くに生える樹木といえます。

日本一のクリは？

　クリは成長が早いので100年もたつと巨木といえるほどになりますが、前項で述べたように陽樹なので周囲がひらけたところでさらに早く大きくなります。環境省の自然環境保全基礎調査の一環として1988年度（昭和63年）に巨樹・巨木林調査が行われました。その後も追加の調査がなされ、それらの報告書に掲載された幹回り300cm以上のクリは北海道から鹿児島県までで240本、大きい木は北に多く、北海道に53本、東北５県で85本あるのに対し、四国は１本、九州は２本しかありません。そして最大とされたのが山形県西川村の「大井沢の大栗」で、記録では幹回り8.5m、樹高15mということです（口絵12）。幹周8.5mということは仮に断面が円形だとすると直径2.7mもあることになります。幹の低いところから大枝が出ているので幹周が太く計測されがちですが、それでも巨樹であることには間違いありません。もっとも樹齢800年と謳っていますが、この木に限らず多くの「巨樹」の樹齢にははっきりとした根拠はないのが一般的です。昔はみんなこの木の栗を拾ったが今は誰も拾わなくなっていると村人から聞きました。

　北海道はクリの分布の北限なのにどうしてこんなに大きいクリの木がたくさんあるのか調査したことがあります。これについては第５章の「海を渡ったクリ」のところで紹介します。

３．クリはいつから生えていたのか？

クリ属の分布とDNA系統樹

　さて、第１章で縄文人がクリに出会ったのは13,600年前頃、それより早く15,000年前頃の１回目の温暖化のときには日本列島にクリが生えていたことを見てきました。最終氷期の非常に寒冷な期間は、おそらく大平洋側の海岸近く

の局地的に温暖なレフュージアで生き延びていたのだろうと考えられますが、それよりもっと以前、日本列島にクリは生えていたのでしょうか？　時間軸を逆にして、いったいいつからクリはあったのかを考えてみましょう。

　クリは被子植物の一員です。被子というのは種子になる胚珠が子房という組織に包まれている、という意味で、植物の最も進化した生殖様式です。被子植物が地球上に生まれたのは中生代ジュラ紀の中頃から白亜紀の初め頃、約1億7,000万～1億4,000万年前頃ではないかと考えられます。裸子植物から被子植物が生まれたその最初からクリの木があったわけではありません。その後の被子植物の進化の過程でいつの日にかブナ科の祖先が生まれ、それがさらに進化してクリ属やブナ属、コナラ属の祖先が分かれ、さらに進んで最も近縁なシイノキ属とクリ属が分かれたのでしょう。では、シイノキ属と分かれたのはいつ頃かとなると、もうそのへんはよくわかりません。クリ属の化石は新生代の古第三紀始新世（5,600～3,390万年前）の前半に見つかっていますので、シイノキ属と分かれたのはそれ以前ということになりますが、中生代の白亜紀の頃なのか、新生代に入った暁新世（6,650～5,600万年前）だったのか、あるいは始新世に入ってからだったのか、謎のままです。現生のクリ属は北半球の3地域に分かれて分布し、日本に1種、中国に3種、ヨーロッパに1種、北米に2種あることを前項で紹介しました（図2-1）。

　クリ属の葉緑体DNAの解析と化石記録の検討から実に面白いことがわかりました（Lang *et al.* 2007）。それによるとクリ属の中で最初に日本のクリとその他（中国、ヨーロッパ、米国）のクリが分化したのは5,400万年前頃、ついで中国とヨーロッパ、米国のクリが分化したのは4,200万年前頃、そしてヨーロッパと北米のクリが分化したのは2,900万年前頃、北米内の2種が分化したのが2,400万年前頃、中国内の3種が分化したのは最も新しく1,070万年前の頃だということです。つまり、最初に日本と中国のクリが分化して中国のクリから分かれたクリがヨーロッパに「移住」し、そのヨーロッパで分化したクリが北米に「移住」したというわけです（図2-4）。

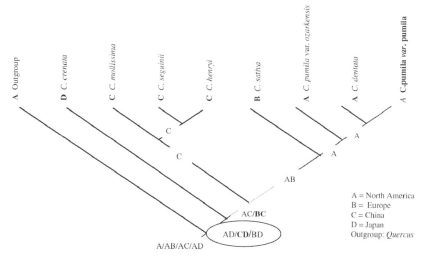

図2-4 葉緑体DNAによるクリ属の分枝系統樹（Lang *et al.* 2007） A=北米，B=ヨーロッパ，C=中国，D=日本，Outgroup（外群）=コナラ属

日本列島にクリはいつから生えていたのか？

　この論文の結果で興味深いのは日本のクリが一番最初に分化した、ある意味では「最も原始的なクリ」だということです。実は「クリ属」にきわめてよく似た木材の化石が北海道の白亜紀のチューロニアン期（9,100～8,800万年前）の地層から見つかっています。*Castanoradix cretacea* Ken. Takahashi & M. Suzukiと名付けたこの化石の属名 *Castanoradix* のCastanoはクリの属名Castaneaから、後ろのradixというのは「根」、つまり「クリの根」という意味でつけたもので、新属新種として発表しました（口絵13A、Takahashi & Suzuki 2003）。といいますのは、この木の化石、現生のクリの根の材にきわめてよく似ているからで、違いといえば年輪がない、道管がしばしば2個複合する、などです。果たしてこれがクリ属（の祖先）の根の木材なのか、もしクリ属だとするとすでに白亜紀には東アジア（日本）にはクリがあったということになりますが、これも謎です。確実にクリ属であるといえる化石はやはりこれも木材化石で、福岡県の玄界灘に面した津屋崎の漸新世（3,390～2,300万年

前）の地層から見つかっています（口絵13B）。殻斗（毬）の化石は岡山県の中新世（2,300〜533万年前）の地層からのものです（口絵14A）。現生のクリとほとんど違わない葉の化石はずっと後の時代になりますが、栃木県の塩原の中期更新世の湖成層（約30万年前）から出土しています（口絵14B）。

　こうして化石記録を見てみると、日本列島には新生代の始めの頃からクリ（あるいはその直接の祖先）がずっと生き続けてきたことがわかります。そして最後の氷河期にはじっと息を潜めて過ごしていたクリが温暖化によって表舞台に登場し、そして縄文人に出会ったわけです。

4．クリのすばらしさ

クリの優れた点

　最終氷期の終わり頃の第1回目の温暖化の中で「冬眠」から目覚めたクリは落葉広葉樹林の拡大と共に徐々に増えていったことでしょう。氷河期を生き抜いてきた旧石器人から私たちの直接の祖先である縄文人にどのように変わったのかを私はよく知らないのですが、旧石器の形態や組成、制作方法などの継続性から、どうやら旧石器人のいるところに縄文人（の祖先？）が新たに入ってきて旧石器人にとって代わった、というのではなさそうです。ということは、寒冷な環境下で主に狩猟で生きていた人びとが、森林植生が落葉広葉樹林に変化していくのを受けて徐々に植物食に重点を移していった、ということでしょうか。シカなど様々な獲物の肉を生のまま食べるのを基本としながらも火にあぶって食べるということはやっていたでしょう。植物性のデンプンは火を通すことにより消化できるようになります。また、薄いえぐみなら火を通すだけで消すこともできます。初期の縄文人は今のわれわれとは比べものにならないほどえぐさや苦さなどに強かったのかもしれません。新たに拡がった落葉広葉樹の森で初期の縄文人達は様々な木の実や、新芽、球根類を生で、そして火を通して食べて、ときには腹をこわしたり、毒でひどい目にあいながらも徐々に正確な森の恵みのリストを作っていったものと思われます。そうした中でクルミ

（オニグルミ）とクリは生でも食べられ、しかも栄養価が高いものとして重要な食糧となっていったに違いありません。

　このようにクルミとクリは共に野生採取の重要なターゲットであったのですが、縄文人が利用する上でクリには優れた性質がいくつもありました。それを列挙すると次のようになります。

(1)　陽樹で先駆種なので、明るいところでよく育つ木であること。だから、人間が木を伐ったあとによく生えてくるし、人間が原生林を伐開して二次林ができるときにクリの木は増えます。これはクリに限ったことではなく、ナラ類、シデ類、サクラ類など二次林を構成する樹木はみんなそういった性質があります。

(2)　成長が速いこと。クリは肥大成長、樹高成長ともに早く、その上、「桃栗三年柿八年」というように、種子が芽生えて3年目にはもう実を着けます。クリの木を伐って出たひこ生えにもすぐに実がなるようになります。野生では多年生であったイネを一年生作物に変えるなど、農業はできるだけ短い期間で確実に収穫が得られるように「進化」してきました。クリは1年でこそ実はならないですが、3年という期間は縄文人にもなんとかがまんできる長さではなかったのではないでしょうか。そして若木のときは収量が年々等比級数的に増えていきます。コナラなども早くに実を着けますが、クルミやトチノキなどはもっと長い年数が必要なことはいうまでもありません。

(3)　実の収量が一定で、安定した食糧源となること。これは説明が必要なので次の項で解説します。

(4)　実（種子）にあくがなく、美味で高栄養価、しかも一粒の食べられる部分が大きいこと。クリをまずいという人はまずいません。ただ、「クリは甘いので主食糧とはなれなかった」という話があるので、このことについては第6章で検討します。また、実は大きい方がいいのは当たり前のことで、これについては次章で改めて検討します。

　「高栄養価」といいますがどれくらい高栄養なのでしょうか？　茨城県

中部地域はクリの栽培が非常に盛んな地域で、笠間市岩間というところは日本一の栗の産地を標榜していますが、そのHP（http://www.kurihiko.com/index.shtml）には栗のすばらしさが詳しく紹介されています。それらを参考にしてまとめると、生栗100gあたりのエネルギーは164キロカロリーでサツマイモの1.3倍ほどもあります。ミネラルも豊富で、食物繊維も多く、米の356キロカロリーにはかなわないまでも、野生の食糧としては非常に優秀な食糧といえます。

(5) 木材の材質が優れていて木材利用に適していること。特に水湿に対する保存性に優れています。また、石器による伐採・加工がしやすいのですが、これも後の項で説明します。「クリの植物学」の項で述べたように、クリ材は非常に広い用途を持っています。

クリの実のなりかた

カキは1年おきに成り年になります。これは次のように説明されます。ある年、春に芽がのびて葉を付け、花を着けなかったとします。そうするとその年光合成でつくった養分は樹体内に溜め込まれ、来年の芽は充実したものとなり、花芽が作られます。翌年、芽が伸びて花を咲かせ、実がなります。実を大きく育て、充実した種子を付けるには大量の栄養分を使いますので、その次の年のための「蓄え」はわずかな量となります。その結果、翌年は花芽を着けることができず実がならないので再び養分を蓄えることができて花芽を作ることができる、ということを繰り返しているわけです。こうしてカキは1年おきに実のなる「隔年結実」ということをやりますが、樹木はどの樹種もこれと同じようなもので、ただ、それが1年おきのものから、2年以上の期間で繰り返すもの、あるいは不定期のものなど、様々です。もちろん毎年開花結実するものも多いのですが、そうした場合でも実のなる量は毎年同じというわけではなく、変動するようです。

そうした年によって収量が大きく異なる木の実の場合、「同調性」という問題があります。一番端的なのがブナです。ブナは数年おきに実がなるのです

が、成り年というときにはほぼ全国のブナが一斉に実をならせます。その翌年には全国どこを探してもブナの実がない、ということになります。ブナは縄文人が食糧とした形跡が全くといってよいほどありません。私はこの成り、不成りの一斉性がその理由の一つだと考えています。ではクリではどうなのでしょうか？

クリの実の収量の変動

クリの実が毎年どれくらいなるのかを調べた結果があります。愛知県小原村というところでクリの木を定め、クリの実が落ち始める9月下旬頃から11月上旬の頃まで毎日のように通って落ちた実を拾いあつめ、その個数を記録するということを1999年から2003年まで、5年にもわたって地道に続けた貴重な結果です（新美 2009）。落ちた実の数はなった実の数と連動していると考えています。

口絵15は実の落下数のデータからグラフにしたもので、このたった1枚のこの図に新美氏の5年間にわたる調査の成果が凝縮されているのですが、この図から様々なことがわかります。縦軸が落下した個数で、1本1本の折れ線はクリの木1本ずつを表しています。データがない年のある木もあります。13本の平均値を太くて黒い線で表しています。この図から、まず、木によってたくさんなる木と少ししかならない木があることがわかります。そして、同じ木でも1年1年、大きく変動しています。一番収量の多かった18番の木で見ると、年ごとに大きく変動していますが、カキのように成り年の次の年は全くならない、ということはないようです。2001年は多くの木が「不成り」の年でしたが、そんなときに前後の年より多くなった木が2本あります。そして何よりも重要なのは平均値です。平均値が一番大きいのは2002年の361個、一番少ないのが2001年の140個で、最大時の39％です。これを、たった4割しかない、と見るのか、4割もある、と見るのかですが、これはやはり、最悪でも豊作時の4割もある、というのが正しいでしょう。これは5年間だけのデータですが、日頃クリの実の成り方を見ているとこの結果は一般化して間違いなさそうで

す。つまり、クリの実の収量は個体による変動は大きいものの、数十〜数百本というまとまりとしてみると、ほぼ毎年ある程度の幅の中の変動に納まり、極端な不成りということはない、といえそうです。これは食糧としてみた場合、安定供給が可能であるということで、大変すぐれた性質といえます。なお、このデータは落ちた実の数ですが、聞くところによると落ちた実の大きさ、重さも量っていて、それで換算してもこの結果とはほとんど同じだということです。

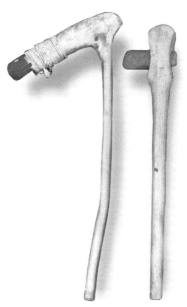

膝柄（鳥浜貝塚）　直柄（滋賀里遺跡）

図2-5　クリ伐採に用いた石斧（能城 2014）　膝柄（左）は鳥浜貝塚出土石斧柄を、直柄（右）は滋賀里遺跡の出土石斧柄をそれぞれモデルに復元制作したもの。

クリの木は伐りやすい

　旧石器人も縄文人も木を石斧で伐って、加工していました。木を伐る目的は木材を建築材、土木材、道具や生活具の材料にすること、そして燃料にすることでしょう。昭和30年（1955）代まで日本の山村で一般的だった薪炭林のように燃やすためにわざわざ新たに木を伐る、ということは旧石器時代も縄文時代もなかっただろうと考えられます。他の目的のために伐ったときの枝や不要部分を燃料としていたのかもしれません。また、目的を果たしていらなくなった、あるいは壊れて目的が果たせなくなった木材も燃やしていたことでしょう。鉄の刃物が当たり前の私たちにとっては石の斧で木を伐るのは大変な労働だろうと思うわけです。木の太さが太くなれば大変ですし、樹種によって切れ方も違うでしょう。それで石斧で様々な木を伐る実験を第4章に詳述するように宮城県の川渡というところの雑木林でやりました。

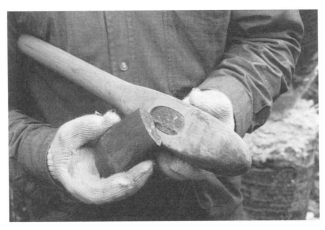

図2-6 オオヤマザクラを伐っていて折れてしまった石斧

図2-7 最大のクリに挑戦する山田昌久氏

使った石斧は２種類で、ひとつは鳥浜貝塚（縄文時代前期）から出土した膝柄を、もうひとつは滋賀県の滋賀里遺跡（縄文時代晩期）から出土した直柄をそれぞれモデルに東京都立大学（当時）の山田昌久氏らが復元制作したものです（図２－５）。これらを使ってクリばかりでなく、調査区内にあるすべての木を切り倒しました。

　まず鳥浜型の膝柄ですが、柄が細長いので常に同じ角度で幹に打ち付けられるようになるには若干の熟練を要します。また、力任せに激しく打ち付けるのには適しませんし、柄が壊れます。ゆったりと振って柄がたわむのを利用して打ち付けるとかなりよく切れるものです。一方の滋賀里型の直柄はこれはもう、野球のバッティング練習のようにがんがんやります。伐採効率は膝柄より遥かによくなりますが頑張りすぎるとへとへとになります。

　樹種と木の太さ（胸高断面積）と石斧を打ち付けた回数をカウントした結果が口絵16です。これを見て２つのことがわかります。まず、同じ樹種では直径が大きくなると等比級数的に石斧を打ち付ける回数が多くなりました。これは断面積が半径の２乗で大きくなりますが、面積が大きくなると面積が増えた分以上に切りにくくなりますので、当然のことといえます。もうひとつは樹種によって点の位置がずれていることです。特にクリは他の３樹種よりもだいたい右側にあります。ということは同じ太さの木ならば少ない回数で伐れる、同じ回数打ち付ければより太い木が伐れる、ということで、つまりクリは他の樹種より伐りやすい、ということを示しています。クリの材質は「切削加工が容易」といわれますが、まさに縄文人にとってもそうだったことがわかります。この中で一番伐りにくかったのはサクラ属でした。あまりにもしぶといのでついに石斧が折れてしまいました（図２－６）。同様にしぶとい木にウダイカンバがありました。直径42cmの最大のクリを伐るのに何人も何人も交代で打ち付け、結局5,000回近く、４時間もかかりました（図２－７）。

第3章　クリと共に歩んだ縄文人

1．縄文社会の発展：東日本と西日本

縄文社会は東日本に偏っている

　第1章で縄文人がクリの実を食べた確実な証拠が縄文時代早期（約9,000年前）まで遡ることを紹介し、前章ではクリの実がおいしく、栄養価が高く、そして安定した収量を保障する優秀な食糧源であることを示しました。縄文時代早期から前期に向かって日本列島は冷温帯性の落葉広葉樹林から、西日本では暖温帯性の常緑広葉樹林（照葉樹林）へ（図1-10、図1-13）、東日本では暖温帯性の落葉広葉樹林へと植生が変化していきました。この植生変化と同調するかのように縄文時代の遺跡数が増えることから人口が増加して縄文社会は発展していったことがわかります。

　図3-1はKoyama（1978）に載っている沖縄と北海道を除いた縄文時代早期～弥生時代にかけての各時期の遺跡密度（1,000km^{2}あたりの遺跡の数）の分布図ですが、縄文早期には九州と中部～関東、それに東北にやや密度高く分布していることがわかります。それが縄文前期になると九州では密度が減少するのに対し、中部、関東、東北では遺跡数が増加します。そして縄文中期にはピークに達し、中部、関東、東北では非常に高密度になりますが西日本では密度が低いままです。その後、後期に密度が若干低くなり、晩期になると中期とは比べものにならないくらい低くなります（東北はそれでもある程度高い密度のままです）。そして弥生時代になるとこれまでの遺跡の多かった東日本と取って代わって西日本から東日本の太平洋側で非常に高くなり、その傾向は古墳時代以降も続くことになります。

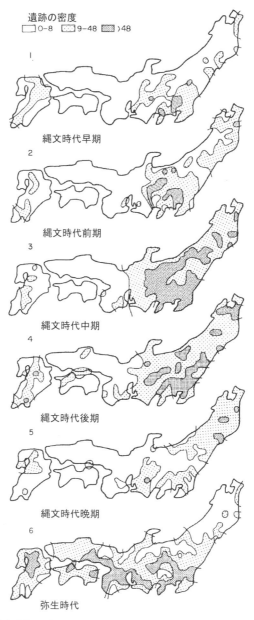

図3-1　縄文時代及び弥生時代の遺跡密度の分布変遷（Koyama 1978を改変）
1,000km^{2}あたりの遺跡の数で示してある。

表3-1 縄文時代早期～弥生時代の推定人口 (Koyama 1978を元に作成)

地域	縄文早期 人口	(%)	縄文前期 人口	(%)	縄文中期 人口	(%)	縄文後期 人口	(%)	弥生時代 人口	(%)
東北	2,100	9.6	19,200	18.1	46,700	17.8	43,800	27.2	33,800	5.6
関東	10,300	47.0	43,300	40.8	96,600	36.8	52,100	32.4	100,100	16.6
北陸	400	1.8	4,200	4.0	24,600	9.4	15,700	9.8	21,000	3.5
中部	3,200	14.6	25,300	23.9	71,900	27.4	22,000	13.7	85,100	14.1
東海	2,400	11.0	5,000	4.7	13,200	5.0	7,600	4.7	55,900	9.3
東日本小計	18,400	84.0	97,000	91.5	253,000	96.4	141,200	87.7	295,900	49.2
近畿	300	1.4	1,700	1.6	2,800	1.1	4,400	2.7	109,400	18.2
中国	500	2.3	1,300	1.2	1,200	0.5	2,700	1.7	59,400	9.9
四国	600	2.7	400	0.4	200	0.1	2,700	1.7	30,500	5.1
九州	2,100	9.6	5,600	5.3	5,300	2.0	10,000	6.2	106,300	17.7
西日本小計	3,500	16.0	9,000	8.5	9,500	3.6	19,800	12.3	305,600	50.8
合計	21,900		106,000		262,500		161,000		601,500	

　これを人口で見たのが表3-1です。この人口推定には遺跡数にその時期の平均的な遺跡当たりの人口の値をかけたものを集計していますが、それらの値は遺跡の大小、遺跡の継続年数など様々な要素をとにかく大胆に一つにまとめて集計を行ったようで、計算方式とその元となったデータの妥当性については議論があるところですが、これ以外に適当な遺跡人口の推定結果が見あたらないので、とにかくこれで大まかな傾向を見てみましょう。縄文早期の推定人口は全国で21,900人、その84％が東日本に住いし、西日本にはわずか16％です。この傾向は遺跡密度の分布図を見てもわかるように、縄文時代を通して変わることなく、縄文文化が大発展する縄文中期ではなんと96.4％が東日本に住いし、四国地方は0.1％、200人という超人口希薄地帯だったようです。このような人口希薄状態では別のムラの人と結婚する「族外婚」は不可能だったのではないかと推定する人もいるようです。

縄文時代の植生の始まり

　このように縄文時代は東日本を中心に発展を遂げていったのですが、その背景にはすでにふれてきましたように気候温暖化に伴う植生の変化があるようです。日本列島の平野部は最終氷期が終わる頃には五葉松類と落葉広葉樹からなる

冷温帯性の森林だったものが、温暖化につれて冷温帯性のナラ類（おそらくはミズナラ）を主体とする落葉広葉樹林となりました。その後、西日本から東日本の太平洋沿岸地域では落葉広葉樹林は照葉樹林に取って代わられます。

日本列島の太平洋岸の沖縄から千葉県銚子に至る55地点（図3-2）での花粉分析結果を検討して、照葉樹林がいつ成立したのかを明らかにした研究があります（松下1992）。それによると、

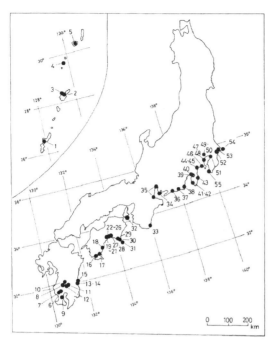

図3-2　花粉分析結果検討地点（松下 1992）　沖縄県名護市から千葉県銚子市に至る太平洋側55地点での花粉分析結果を検討した。

最初に照葉樹林が成立したといえるのは2カ所あり、ひとつは室戸岬に近い高知県室戸市の室津川（図3-2の30）で、8,510±145yBPの年代測定値よりも少し下の層位からシイノキ属を主体としてヤマモモ属、マキ属、シキミ属、ツバキ属など照葉樹林の主な構成要素を含んだ極相林があったとしています。そこでは照葉樹林の主要メンバーであるカシ類がないことが注目されます。もうひとつは、伊豆半島南部の静岡県加茂郡松崎町（図3-2の41）で、8,680±170yBPの年代測定値のある層位でシイノキ属が優占しスギをまじえた照葉樹林が成立していたと報告しています。測定された年代を暦年に直すとそれぞれおよそ9,900〜9,200年前、10,200〜9,500年前くらいになります。その他の地点では照葉樹林が成立したと認められるのはもっと遅いか、あるいはちょう

ど照葉樹林が成立したと認められる層準の年代測定がなされていないなどで不明な地点もありますが、検討したすべての地点で照葉樹林が遅かれ早かれ成立したことを認めています。そして面白いことに、太平洋に面した地点では最初の照葉樹林はシイノキ属が優占し、現在の照葉樹林の主要素であるカシ類（アカガシ亜属）はあとになってから加わってくる、という結果がでています。照葉樹林は沿岸部はシイノキ属、内陸部はカシ類というように同じく常緑樹の林でも主役が入れ替わっていることになります。そしてクリについても面白いことが、こういった氷河期から縄文時代への植生の変化の中から見えてきました。

クリ林の登場

　松下氏のこの論文には、検討した55地点のうち、静岡県浜名郡雄踏町（現浜名市）の浜名湖畔（図3-2の36）と榛原郡榛原町（現牧之原市、同図38）、それに千葉県銚子市（同図54）の3カ所で、照葉樹林が成立する以前にクリが優占する時期があったと書いてあります。そこでその元となった論文に載っている花粉分析結果を見てみましょう。

　図3-3は浜名湖の湖底で行った24mのボーリングコアの分析結果です（Matsushita & Sanukida 1988）。柱状図の5m深度のところにF-Os, Kgという火山灰があります。F-Osは富士大沢スコリアで3,140年前に富士山が噴火したものです。Kgは天城火山の側火山である「カワゴ平」が約3,100年前に噴火したものです。16m深度附近のK-Ahというのは喜界アカホヤ火山灰といって、鹿児島県薩摩半島の南およそ50kmにある喜界カルデラが約7,300年前に起こした大噴火で800kmも飛んできた火山灰です。このカルデラは海の中にあり、その外輪山に当たる硫黄島、竹島がわずかに海面に顔を出しています。このボーリングコアではK-Ahより下では年代を示すデータはありませんが、5kmほど離れた別のボーリングコアの測定結果から、深度20mあたりは約8,000年前と見積もられます。この花粉分析図では一番右にⅠ～Ⅳの花粉帯が区分されていて、その左がクリ属 *Castanea*、そして順にシイノキ属

Castanopsis、カシ類（アカガシ亜属）*Quercus*（*Cyclobalanopsis*）、ナラ類（コナラ亜属）*Quercus*（*Lepidobalanus*）、ブナ属 *Fagus* と並んでいます。花粉帯Ⅰ（深度23.0～19.0m）がクリ（9.0～42.2％）とナラ類（11.4～33.0％）で特徴づけられることにすぐ気がつきます。ブナ属もある程度多いことも特徴のようです。そしてシイノキ属もある程度ある一方、ハンノキ属 *Alnus*、クマシデ属 *Carpinus*、エノキ属 - ムクノキ属 *Celtis-Aphananthe*、ニレ属 – ケヤキ属 *Ulmus-Zelkova*、ブナ属もあり、シイノキを交えながらもクリとナラ類を主体とした落葉広葉樹の林だったことがわかります。それが花粉帯Ⅱになるとクリが急減し、ハンノキ属も減り、代わってシイノキ属が非常に多くなります。30％を超えるシイノキ属の花粉はこの付近がシイ林になったことを物語っているのは間違いないでしょう。そして照葉樹林のもうひとつの主役カシ類はシイノキ属よりすこし遅れて登場し、少しずつ増えてシイ-カシ林といわれるように肩を並べ、約3,000年前頃にはシイに取って代わります。なお、ここではシイやカシが優占する中でもナラ類が消えてしまわず、かなりの量をずっと保っているという現象が見られ、これをどう理解するのかはよくわかっていません。Matsushita & Sanukida（1988）には浜名湖湖底のもうひとつの地点と湖畔での花粉分析もなされていて、クリ属の花粉量の違いはありますが基本的に同じ傾向を示しており、この地域で8,000年前のころにクリが優占する林が成立して、それが喜界アカホヤ火山灰（約7,300年前）が降る少し前の頃にシイ林に取って代わられたということが明らかです。図は引用しませんが、牧之原市（旧榛原町）の御前崎近くでの花粉分析結果ではクリは8,500年ほど前から出現するものの、エノキ属－ムクノキ属、クマシデ属、ナラ類などの落葉樹林に混じっていた程度のようです。そしてそれが7,500年ほど前にシイ林に取って代わられるのは浜名湖に同じです（松下 1989）。

　一方、関東地方の東に位置する千葉県銚子の花粉分析の結果（松下1991）も見てみましょう（図3‐4）。25mのボーリングコアでやはりⅠ～Ⅳの花粉帯が設定され、花粉帯Ⅰがクリ属 *Castanea* の優占（18.6～53.9％）とナラ類 *Quercus*（*Lepidobalanus*）（16.2～19.9％）で特徴づけられますが、詳しく見

第3章 クリと共に歩んだ縄文人 53

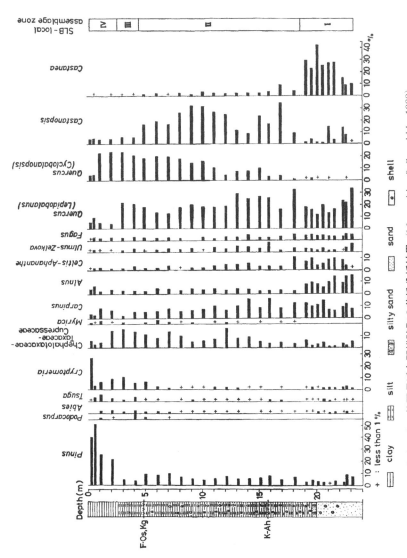

図 3-3 静岡県浜名郡雄踏町の花粉分析結果 (Matsushita & Sanukida 1988)

ると、カエデ属 *Acer* が4.6～10.0％と、虫媒花で花粉生産量はかなり少ないこの属としては異例の多さです。また、クマシデ属 *Carpinus*、ニレ－ケヤキ属 *Ulmus-Zelkova*、エノキ－ムクノキ属 *Celtis-Aphananthe*、キハダ属 *Phellodendron* などもあり、ブナ属とナラ類が優占する冷温帯落葉広葉樹林とは違った落葉広葉樹林であることがわかります。このボーリングコアではいくつもの年代測定がなされているのですが、上下が大きく逆転したりでなかなか本当の年代を読み取るのは難しそうで、深度25m附近が10,000～8,000年前、深度21.5m附近が約7,000年前、深度6.7m附近が約5,500年前と見積もられているそうです（松下 1991）。そうすると8,000～10,000年前には花粉帯Ⅰのクリの多い林がすでに成立していて、それが約7,000年前にはモミ属、ツガ属に落葉広葉樹を交えた林へと代わってクリはほとんどなくなり（花粉帯Ⅱ）、5,500年前を少し遡る頃からモミ属－ツガ属が減少してナラ類が多くなり、そしてシイノキ属が優占するようになった、ということがわかります。この期間は縄文時代の温暖化が進行しているときですので、このモミ属－ツガ属はもちろん亜寒帯針葉樹林のシラベやコメツガではく、むしろ中間温帯林やモミ－ツガ林と呼ばれる林でしょう。

　以上の結果を整理してみると、静岡県浜名湖では8,000年前にはクリ林が成立し、それが7,300年前より少し前の頃に照葉樹林（シイ林）へと代わった、千葉県銚子では8,000年前以前にクリ林が成立し、それが7,000年前以前にモミ－ツガ林へと代わり、それも5,500年前以前にシイ林へと代わった、ということになります。改めて口絵7の酸素同位対比による気温の変動を見ますと、10,000万年前以降は小刻みな変動はあるものの全般として温暖化したままですので、これらの植生変化が温暖・寒冷の変化によるというものではなく、温暖化が進行する中での一方向的な変化の「途中の状態」と見ることができます。つまり、寒冷な時期に日本列島の太平洋岸の温暖な地に「逃避」して過ごしていた暖帯性の樹木が11,500年前以降の急激な温暖化で、一斉に逃避地を出て北上、東進を開始しますが、その「足の速さ」の差が、同じ地点で（冷温帯落葉広葉樹林＝ナラ・ブナ林→）クリ林→（モミ・ツガ林→）シイ林→シイ・カシ

第3章 クリと共に歩んだ縄文人 55

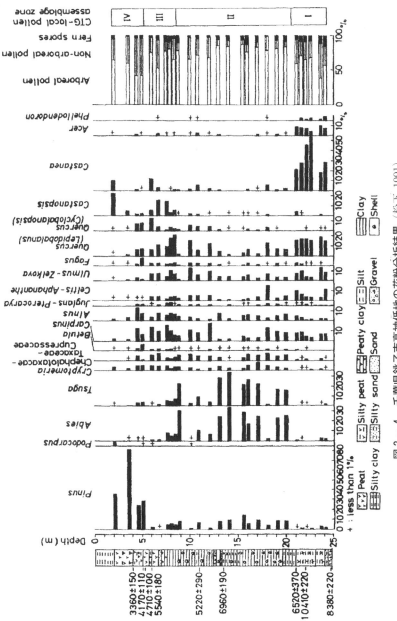

図3-4 千葉県銚子市高神低地の花粉分析結果(松下 1991)

林となって表れたと考えることができます。

クリ林の正体

　さて、私は様々な研究者による全国の様々な地点での最終氷期以降の花粉分析結果というものを見てきていますが、遺跡での花粉分析以外に、クリが優占してクリ林があった、といえる分析結果をほとんど知りません。ここに紹介した3カ所はいずれも遺跡の発掘調査に伴ってなされたものではなく、ボーリングコアでの分析ですから、ここに認められた「クリ林」は人間が関与してできた植生ではなく、それこそ「天然林、自然林」としてのクリ林だと見なすことができます。

　第1章で紹介しましたように現在の日本列島では冷温帯は落葉広葉樹林、暖温帯は照葉樹林、ということになっていて、冷温帯落葉広葉樹林といえばブナあるいはミズナラが主体でそこに様々な落葉広葉樹が混じり、ときにはスギやネズコ、アスナロなどの針葉樹が優占する林分もあるということになっています。ただ、これは話を簡略化するためにマイナーな植生帯を「省略」した結果でして、実をいうと、冷温帯落葉広葉樹林と照葉樹林の2つの植生帯の間、あるいはそれらにまたがって性格の異なる森林帯が昔から取り上げられてきています。それについては暖温帯落葉広葉樹林、中間温帯林、あるいはモミ・ツガ林などと呼ばれ、研究者によってはその意味するところが微妙に違っていたりするのですが、だいたい同じような林を指しているようです。野嵜・奥富（1990）はこれを「中間温帯性自然林」として、優占する樹種が非常に多様で、主要なイヌブナ、コナラ、ツガ、モミの4つの優占型の他、クリ、ケヤキ、イヌシデ、ヒメコマツなどを挙げています。つまり、クリ林はこの「中間温帯性自然林」の一つのタイプとして認められるというわけです。この「中間温帯性自然林」は森林帯としては冷温帯林（野嵜・奥富 1990ではこれを温帯林と呼んでいる）を上部と下部の2つに分けたとき、上部を私のいう冷温帯落葉広葉樹林、下部を「中間温帯林」としていますので、温度的には暖温帯と冷温帯上部とのまさに中間的な気候のところに成立するということのようです。

したがって、クリの自然林というものは上部冷温帯林（野嵜・奥富 1990では上部温帯林）より暖かいところに成立する落葉樹林の一つのタイプ、と位置づけることができます。そういった林が、地球温暖化によって上部冷温帯林から照葉樹林に入れ替わるそのはざまに、一時的にしろ成立していたということになります。ただ、「中間温帯性自然林」には上に述べましたように優占する樹種が様々で、クリはそのうちのどちらかといえばマイナーな樹種の一つにすぎませんから、必ずクリ林になったわけではないことは各地の花粉分析結果でクリがぐっと増えたという証拠があまり見られないことからも明らかです。それでも中間温帯性自然林には優占するほどではないにしてもいくらかのクリが必ずといってよいほど混じっていたことは大いに期待されるし、また花粉分析の結果にはクリとシイノキ属の花粉を区別せずに「クリ属－シイノキ属」としているのもあり、それらにクリが含まれている可能性も大いにあることを考えると、温暖化が進行する中で縄文人がクリと遭遇する機会は普通にあったといえるのではないでしょうか。

２．縄文のムラ

縄文人、森を伐り開く

　旧石器時代人は狩猟をしながら遊動生活を送っていましたが、縄文時代になると家を作り、定住生活をするようになりました。もっともそれまで家を持たず遊動していた人たちが急に家に住みつくわけではなく、そこには様々な途中段階があったようです。「住居跡」といわれる遺構は晩氷期の頃（約15,000年前頃）からあるようで、最初はテントのような簡単な小屋がけのような「家」で、一年中そこで生活するというのではなく、季節や食糧の状況（動物の群れの移動？）に合わせて移動もしていたような状況から、ある程度決まったところに「家」を持ち、季節に合わせてそことは別な「小屋」（夏の季節小屋とか、出作り小屋とか、そういったイメージのようです）との間を移動する、というような段階を経て、立派な「竪穴住居」を建ててそこでほぼ一年を通して

暮らすようになったとのことです（岡村 2002）。また、「家」を作るようになった初期には1カ所に1、2棟程度で立て替えも見られなかった、すなわち一過性であったものが、一所に数棟、数十棟が集まり、同じ場所で何度も建て替えられるようになっていき、その場所を離れなければならない特別の理由（資源の枯渇とか、疫病の流行とかが考えられています）がない限り、ずっとその場所でムラが長期間持続するようになったようです（岡村 2002）。このような縄文の「ムラ」が作られるようになったのは約11,500年前の本格的な温暖化より後のことでした。

南の縄文集落

　鹿児島県の鹿児島湾（錦江湾）の最奥のやや東寄りの海に面した標高240mほどの台地に、縄文時代最古の定住集落といわれる上野原遺跡があります（口絵17）。この遺跡では52棟の住居跡と2本の「道」、それに石蒸し料理の施設といわれる集石遺構が39基、燻製料理の施設といわれる連結土坑が16基、他にたくさんの土坑があり、貝殻文系の円筒土器、様々な石器などなど多くの遺物が出土しています（新東 2006）。この遺跡では桜島が約12,800年前に噴火して降らせた薩摩火山灰（P14）より下には人類の痕跡はなく、その上位から縄文時代早期の初め頃の遺物が現れるとのことです。52棟の住居が一度に建っていたのではもちろんないのですが、それでは同時に何棟あったのか、というとこれは難問です。しかしこの遺跡では約10,600年前に再び桜島が噴火して桜島火山灰（P13）という火山灰を降らせます。そして52棟のうちの10棟の床にこの火山灰が積もっていました。ということは、桜島が噴火したときに10棟が建物としてあった、ということを示しています（新東 2006）。縄文時代の集落遺跡で同時に何棟建っていたのか、いろいろ調べられているのですが数棟というのがほとんどで、10棟というのは多い数といえるようです。10,600年も前に同時に10棟も建っていた、ということで縄文時代最初の大規模集落遺跡といえるのではないでしょうか。ここの住居は東日本の遺跡などでよく見かける復元住居とはかなり違っています。内部には柱穴がないことから竪穴の外側に柱を立てた

らしいということで住居群が復元されました（口絵18）。この復原住居には賛否、異なる意見など多々あるようですが、それはさておいて、それではそこに住いしていた人びとは生計をどう立てていたのでしょうか。

　この遺跡では「蒸し焼き料理」、「燻製製作」という特徴的な食生活を示していますが、もうひとつの顕著なことは石皿、敲き石、磨り石といったドングリなどを加工する道具が多く出土したことです。温暖な南九州では氷期の終わりにはいち早く温帯性の落葉樹林が拡がり、ナラ類（ミズナラ、コナラ、クヌギ、カシワ、ナラガシワなど）がたくさん生えていたと推定されます。宮崎県都城市の王子山遺跡では約13,300年前にナラ類（ミズナラかコナラとアベマキ）の炭化した実（子葉部分）が炭化したネギ属鱗茎とともに出土し、それにダイズ属（ツルマメ）の土器圧痕が検出されており（桑畑・栗山 2011）、縄文時代草創期の南九州の縄文人はクリはないものの、南九州の植生の下でこうした植物質に大きく依存して縄文文化をはぐくんでいたといえるでしょう。

　こうして栄えた南九州の縄文文化ですが、それが突如、というくらいの比較的短い時間の間に消滅します。薩摩半島の南端から南へ約50km、屋久島から北へ約40kmに硫黄島（鬼界ヶ島）という今も噴煙を上げる小さな火山島がありますが、じつはこれは巨大な「鬼界カルデラ」が水上に姿を現しているほんの小さな部分です。この海底下にある鬼界カルデラが約7,300年前に巨大噴火をしました。爆発的な噴火による火砕流、熱雲は屋久島を頂上付近まで駆け上り、薩摩、大隅半島にも達しました。上空に吹き上がった火山灰（鬼界アカホヤ火山灰）は東北地方南部まで達しました。この噴火により南九州では縄文時代早期の遺跡がほとんど消滅しました。人びとのムラがなくなっただけではなく植生が壊滅し、多くの動物も棲息できなくなったことでしょう。ただ、この噴火の大災害により南九州の人びとが火砕流や火山灰の直接的打撃で死に絶えた、ということではないようです。どうもその前から南九州地域での縄文社会の衰退が進んでいたようで、この噴火はそういった縄文人の生活基盤・生産手段を奪う、いわば「最後の一撃」になったのだと縄文文化研究の第一人者である岡村道雄氏は考えています（私信）。そのような衰退を引き起こした原因

は、急激な温暖化により落葉広葉樹林が照葉樹林（常緑広葉樹林）に取って代わられたことにあると私は考えています。南九州の地に再び人びとが戻ってくるのは縄文時代の前期になってからで、その人たちの文化は北九州から南下した文化で、アカホヤ降灰以前に栄えた縄文時代早期の南九州の文化とはかなり異質なものだということのようです（新東 2006）。

北の縄文集落

　上野原遺跡にやや遅れて北海道に大輪の縄文文化が咲きます。中野 B 遺跡は函館空港の滑走路延長に伴い発掘された遺跡で、約9,000年前（暦年代）、縄文時代早期後半に約500年続いたとされる大規模集落で、500棟以上の竪穴住居跡が見つかっています（図3－4）。遺跡は滑走路の東端の部分で標高40数 m のなだらかな海岸段丘上にあり南側約400m に海（津軽海峡）があります。住居跡は長軸が東西の200m×100m ほどの範囲に密集してあり、同じ場所で何回も立て替えられ、同時期に存在した住居は10〜20棟だったようです（北海道の縄文文化 [http://jomon-heritage.org/jomonculture/]）。この遺跡からは石皿なども出土しますが、非常に目立つのが大量の石錘です。これはこの遺跡の生業は漁労が中心だったことを示し、南の上野原と対照的です。

典型的な縄文のムラ

　表3－1で紹介したように縄文時代早期以降、日本列島に住いする縄文人の人口は増加を続けます。前期（約7,000年前）になると東日本では「どこにでも遺跡がある」ような状況になり、遺跡数は変動しながらも縄文時代中期にピークを迎えます（図3－1）。こうした拡大した縄文社会の中で東日本を中心に現れてくるのが「環状集落」というムラの在り方です。早期の「大規模集落」はとにかくある地域にまとまって住居跡が密集しているだけでしたが、この時期の大規模集落は明確な構造を持つようになるようで、その典型が環状集落というわけです。

　典型的な例として岩手県紫波町の西田遺跡があげられます（図3－5）。西

図3-4 函館市の函館空港中野B遺跡の遺構分布図（北海道埋蔵文化財センター 1997）平成4年度調査区、平成5年度北地区及び南地区、平成6年度A地区、平成7年度D地区に竪穴住居跡が密集している。

田遺跡は北上川の支流滝名川が本流に合流する手前500mほどにある独立丘陵にあり、東北新幹線の工事に伴って発掘調査されたものです。標高100mほどの平坦な丘の上に、集落全体の直径が約120m、中心には直径約30mの墓域があり、その外側直径35〜60mの範囲に掘立柱建物群、そのさらに外周には貯蔵穴群と竪穴住居群がある構造になっています（小林圭 2013）。中央に墓域、その外側に掘立柱建物群、さらに外側に竪穴住居群、そして外周に土坑（貯蔵穴など）や捨て場、という同心円構造が環状集落の一般的な姿のようです。墓も、掘立柱建物も竪穴住居も同じ場所で何度も作り替えられているのが普通

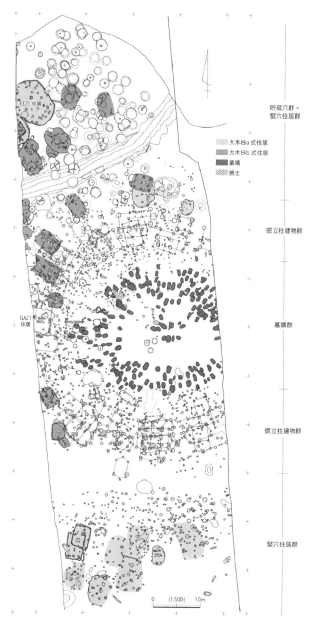

図3-5　岩手県紫波郡紫波町の西田遺跡の「典型的」な環状集落（縄文時代中期）（小林圭 2013）　中心に墓壙群があり、そのまわりに掘立柱建物群、その外側に住居跡と土坑群が環状に配置している。

で、長期間にわたり集落が営まれていたことがわかります。

　先に述べたように東日本（というよりもほぼ日本列島の大部分）の縄文時代前期〜中期末頃の「拠点集落」といわれる規模の大きいムラはだいたい「環状集落」の形をとることが多かったようですが、北東北・北海道では環状とはならないのが普通だったようです。日本一といえる規模の三内丸山遺跡（青森市）ではムラの中心に通じる道に沿ってお墓が並び、竪穴住居のある地域、大型建物のある地域、盛土、捨て場など、それぞれ区域を分けての土地利用がなされていたことがわかっています（口絵19）。

3．縄文のムラとクリの木

縄文人のムラ
　旧石器時代末から縄文時代草創期の頃にはキャンプ小屋のような単独の「家」から数棟が集まった小さなムラができ、やがて縄文社会の発展と共に人口も増え、縄文時代早期には大規模集落が造られるようになり、そして縄文時代前期になると住居の他に広場、墓域、貯蔵穴、捨て場（送りの場）といった固有の機能を持った要素が組み合わさって構成される典型的な縄文のムラ（拠点集落）ができあがってきたわけですが、これらのムラは多くの場合、台地上の比較的平坦な土地につくられています。さらに多少の起伏は「土木工事」で平坦にされた様子もうかがえます。ではこれらのムラがつくられる前はこの台地の上は何だったのでしょうか？　もちろん「森」だったはずです。日本列島は十分な水分と温度がありますので、人が木を伐ったり、森を焼いたりしない自然状態では森となります。また、一度森を壊してもその後放置すれば時間の経過と共に再び森となります。逆にいえば、人びとが伐ったり焼いたりする以前は日本列島ほとんどが原生林で覆われていたはずです。縄文人はこの原始の森を伐り開いて空開地をつくり、そこにイエを建て、ムラとしました。初期の頃はムラは小さく、密度も低く、他のムラとはうっそうとした原生林で遠く隔てられていました（口絵20A）。

このムラを造成するときに伐り倒した木材はどうしたのでしょう？　伐り倒すにはかなりの労力がいりますから、それをそのまま朽ち果てさせるようなことはなかったでしょう。建築・土木材、様々な生活具や工具類、そして枝葉は乾かして燃料にと、捨てるところなくフルに活用したことでしょう。イエを建て、そこに住いして生活するようになってもムラのまわりの木を伐って幹を用材とし、枝葉を柴として燃料にすることは変わらなかったでしょう。そうするうちにムラのまわりに生える木の切り株からはひこ生えがでて成長します。ひこ生えを刈り取れば柴になり、有用になる木のひこ生えは切らずにおいておけば数年〜数十年後には用材として再び使える大きさになります。家の建て替えや土木工事などにはムラの外にある大きな木を伐って使うので、その切り株からのひこ生えで二次林ができるようになります。つまり、人びとが木材や柴を利用する強度に応じて、ムラを中心としてその周囲に草地、その外側に二次林、そして自然林（原生林）という同心円の構造が作られます（口絵21）。こうしたムラが、初期には規模は小さく数も少なかったものが社会の発展と共に規模は大きくなり、数も増えて、場所によっては原生林がほとんどなくなってしまうような状態にまでなったのではないでしょうか（口絵20Ｃ）。

縄文人のイエは総栗造り

　昭和の時代までは和風の家を建てたい人が夢に描いたのが「総檜造り」です。柱も鴨居も天井板もヒノキで造り、ヒノキの香る家に住みたい、というのが夢だったように思います。しかしヒノキの建築物が作られるようになったのは古墳時代〜古代とずっと後のことです。縄文人はなんの木でイエを建てたのかといえば、それはクリです。

　縄文時代の住居は一般に地面をある程度掘り込み（竪穴）、丸い（あるいは楕円、四角形など）平らな面を造り、そこに多くは４〜６本ほどの柱を立てて桁を置き、梁を乗せ、叉首、垂木を組んで屋根の骨格を造り、その上に柴のような小枝、樹皮、萱などを載せて屋根とするか、あるいは土をかぶせて土屋根という形で作ります。掘り込んだ壁が崩れないように腰板（あるいは堰板）を

周囲に並べることもあるようです。実は遺跡の発掘調査では掘り込んだ竪穴と柱穴などはよくわかるのですが、建物の外形や屋根がどうなっていたかはよくわかりません。それで、さまざまな復元がなされています（口絵22）。こうした住居の構造的な部分には縄文時代ではクリの材が使われるのが一般的だったようです。

　どうしてクリといえるのかといえば、たくさんの発掘調査からの所見です。発掘調査ではしばしば火災にあった住居跡が見つかります。屋根材や柱材は大部分が燃えてなくなっているのですが、燃え残りが「炭」となって分解されずに残っていることがよくあります。岩手県一戸町の御所野遺跡の縄文時代中期の焼失した土屋根式竪穴住居の炭化材が詳しく調べられています。住居跡10棟の炭化材片877個のうち、驚くことにその739個、84.3％がクリで、他にはオニグルミなど13の樹種が合計で56個6.4％、よくわからなかったものが82個9.4％でした（口絵23）。ここでは復元した土屋根式住居を燃やす実験（口絵24）もなされていて、鎮火後の炭化材を調査したところ焼失住居と同じような状態であったということですから、調べられた炭化材は住居の構築材で、その主要な部分はクリであったというわけです。

　かつての縄文時代を解説した本や、各地の博物館や郷土館などで復元されている竪穴住居を見ると、そのほとんどが茅葺きです（図3−6）。実際、焼失住居跡からススキの炭化した稈が出土したこともありますので、萱（＝ススキ）が屋根葺材として使われていたのは事実でしょうが、東北、北海道では屋根組みの上に屋根葺き材として土をかぶせる土屋根が一般的だったのではないかといわれるようになってきています。土屋根の方が冬は暖かく、夏は涼しくて快適だとの意見もあるようです（岡村 2015）。土屋根の住居の基本構造は茅葺きで復元されている住居と同じです。北海道の竪穴住居はときには2ｍ以上と、大変深く掘り込まれているのも特徴です（口絵25）。深い土穴は冬の寒さ対策には一番のことだったろうと推察できます。

図3－6　茅（ススキ）葺き草棟で復元された青森県八戸市の是川遺跡の縄文時代晩期の竪穴住居

縄文人のクリ材利用

　縄文人のクリ材利用は「一般住宅」に留まりません。三内丸山遺跡では長さ32m、幅10m、建坪で100坪近い巨大な竪穴建物が発掘されました。この建物の柱自体は残っていませんでしたが、この遺跡から出土した柱材の樹種を調べた結果は100％クリ材であることから、この建物もクリでできていただろうと思われます（図3－7）。復元された建物では100人が入ってコンサートなどが行われたということですが、こうした大形建物は東北日本の日本海側に多いこと、炉跡が複数箇所あることなどから、雪深い冬のムラの共同作業場であったと考えられています。そしてそれに隣接する「謎の6本柱建造物」もその巨大さに驚かされます。柱穴が直径2m、深さ2mもあり、そこに残っていた丸木柱は直径1mもありました（図3－8）。樹齢は正式には計られていませんが、私の見た目では年輪幅がとても広く1cmほどもある部分もあることか

第 3 章　クリと共に歩んだ縄文人　67

図 3-7　三内丸山遺跡の建物跡　A：三内丸山遺跡のシンボル的存在である復元された六本柱建造物と大型建物。B：大形建物の内部。柱や梁、垂木はすべてクリ材。100人以上が入れるという。

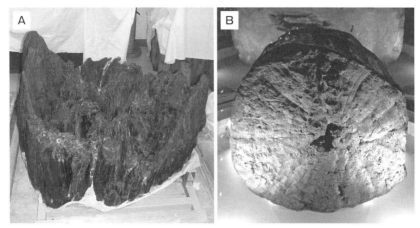

図3-8　三内丸山遺跡の6本柱建造物の保存処理された柱根　A：上部が腐朽分解して底部のみ残った。B：三内丸山遺跡時遊館に展示してある柱根の底部。石斧によるはつり痕と幅広い年輪が見えている。

ら、100年程度ではないかと推測しています。この「建造物」の地上部はどんな形、大きさだったのか、何に使われたものかは「謎」ですが、柱の下の土の圧縮され具合から柱の高さは15mほどあったのではないかと推定され、今あるような復元がなされたとのことです。

　北陸地方では縄文時代晩期に「環状木柱列」と呼ばれる、これも謎の施設が造られるようになります。有名なのが金沢市のチカモリ遺跡（口絵26）や能登半島の真脇遺跡で、典型的なものでは10本の断面が半円形の柱が直径7mほどの真円に配置され、うち2本のところに「出入り口」のような板が立っているものです。すべてクリ材で、直径30〜80cmほどの木を半割にして曲面を円の中心に向け、平面を外側に向けて穴を掘って据えられています（口絵26C）。これも地上部はどんな形、構造であったのかはわかりませんが何度もほとんど同じ場所で造り替えられていることなどから、住居やお墓などではなく、祈りや祭りに関する施設であったと考えられています。富山県小矢部市の桜町遺跡では図3-9のような復元がなされました。

　低湿地の遺跡からは木道状の杭列や「水場遺構」などと呼ばれる施設が見つ

第3章 クリと共に歩んだ縄文人　69

図3-9　富山県小矢部市桜町遺跡の復元された環状木柱列（小矢部市教育委員会提供）
　　　　地上部がどんな形であったか、どのように使われたのかは「謎」である。

かります。埼玉県さいたま市の寿能泥炭層遺跡では台地の縁から低湿地の中に伸びた縄文時代中期〜後期の杭列が何条もあり、それを構成する打ち込まれた杭、横架材などのほとんどがクリ材でした（図3-10A）。埼玉県川口市の赤山陣屋跡遺跡では水辺でトチノキの実を加工したと思われる木製の遺構、また水をためたと思われる板囲い施設が見つかっていますが、これらを作っている杭や板材の大部分はやはりクリの木で、この遺跡の縄文時代晩期の土木材700点の半分近くがクリの木でした（図3-10B）。また、栃木県小山市の寺野東遺跡では縄文時代晩期の水場遺構がいくつも見つかり、その構造材の8割もがクリ材でした（図3-10C）。これら3遺跡で見るように施設を作るために何百本というクリが伐採されており、クリの木材資源が潤沢になければできないことです。

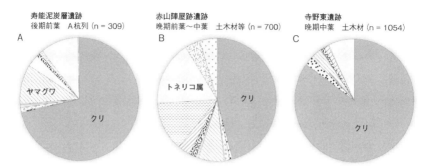

図3-10 関東地方の縄文時代の3遺跡のクリ材利用（能城 2014） A：埼玉県さいたま市寿能泥炭層遺跡のA杭列（縄文時代後期）。B：埼玉県川口市の赤山陣屋跡遺跡の土木材等（縄文時代晩期）。C：栃木県小山市の寺野東遺跡の土木材等（縄文時代晩期）。

燃料としてのクリ

　縄文人の日々の暮らしは炉を中心に行われたことでしょう。炉のまわりで作業をしたり、家族が集まって食事をし、語り合ったことでしょう。この炉で燃やされて残った炭のカケラ（炭化材）の樹種が様々な遺跡で調べられています。

　南関東の縄文時代の遺跡から出土した炭化材を、焼失住居の構造材、炉跡の炭化材、貝塚等の廃棄物層中の炭化材の3つに区分して樹種を検討した千野裕道氏は、住居の建築材はクリが大部分（80％）を占めるのに対し、炉跡の燃え残りの炭ではクリ、ナラ類、クヌギ、カシ、ケヤキなど多様な樹種があるが、やはり一番多いのはクリで40％を占めること、廃棄物層中の炭化材も樹種が多様であるがやはりクリが最も多く27％を占めることを明らかにしました（千野1983）。炉で日々燃やしていた燃料にクリを主体としながらも様々な樹種が使われていることは、炉で燃やされたものが、解体した家屋や建造物などの建築材の廃材、伐採した木から必要な用材を取り去ったあとの枝や端材、そして村の周囲から刈り取った「柴」等であると考えると納得がいきます。また貝塚や盛土、捨て場などの廃棄物層で燃やされた樹種がさらに多様でクリの比率が最も小さかったということは、由来や材質に関わりなく手に入るものはなんでも燃やしたのかもしれません。

一方、三内丸山遺跡の第六鉄塔地区は縄文時代前期〜中期の縄文人の「ゴミ捨て場」と考えられていますが、ここの縄文時代前期の廃棄物層から洗い出された炭化材の樹種を東京都立大学（当時）の前田純子氏に卒業研究として調べてもらいました（前田・鈴木 1998）。洗い出された炭化材は直径数cmの大きなものから5mm以下の小さなものまで様々で、出土した総量は乾燥重量で10kg以上にもなりましたが、とてもその全部を調べることはできず、約1kg、1,000点を調べました。仙台市内のユースホステルに長期滞在して私の研究室に通い、剃刀の刃で木口面、板目面、柾目面の割れ面を出し、反射顕微鏡で覗いて同定するという作業を繰り返す毎日でした。そして、同定できなかったものを除いた776点もの炭のかけらを調べた結果は実に驚くべきものでした（表3－2、図3－11）。なんと80.7％もがクリだったのです。また、クリ以外ではカエデ属、キハダなど実に32種もの多様な広葉樹があり、針葉樹はイヌガヤのたった1点でした。この廃棄物層には住居からの生活ゴミだけではなく土器焼き、あるいは広場などを掃除した「ゴミ」など、様々な場面で発生した燃え残りが捨てられているのでしょうが、それにしてもクリ材が8割も占めるというのは先に紹介した千野氏の結果（千野 1983）とはずいぶん異なり、三内丸山遺跡ではクリ材がいかに広範にかつ大量に使われていたのかを物語っているのでしょう。

　クリ材は燃えにくいから炭がよく残るのだという指摘（山田 2014）があります。燃焼実験をやったところ、コナラは炭として残るのが10％以下だったのに対し、クリでは35％が炭として残った、ということです。また、コナラ薪は燃やしてもほとんどはぜない（火花が飛び散らない）のに対して、クリはよくはぜるので屋内炉には向いていないとも指摘しています。三内丸山の第六鉄塔地区の捨て場の80％ものクリ炭化材はなるほど屋外での土器焼きなどの炭と考えることができそうです。それにしても千野氏のまとめにあるように屋内炉でもクリの炭化材はかなり多く出土しており、クリが燃料材としてよく使われたことには変わりなさそうです。

表3－2　三内丸山遺跡第六鉄塔地区から出土した縄文時代前期の炭化材の樹種組成一覧（前田・鈴木 1998）

	VIIG-74-4		VIIG-75-3		合　計	
	VIb層		VIa層			
	個数	（％）	個数	（％）	個数	（％）
クリ	135	69.9%	491	84.2%	626	80.7%
カエデ属	7	3.6%	27	4.6%	34	4.4%
キハダ	6	3.1%	12	2.1%	18	2.3%
トネリコ属	7	3.6%	6	1.0%	13	1.7%
オニグルミ	8	4.1%	3	0.5%	11	1.4%
ニレ属	6	3.1%	3	0.5%	9	1.2%
ヌルデ	2	1.0%	7	1.2%	9	1.2%
サワグルミ	2	1.0%	5	0.9%	7	0.9%
コナラ属コナラ節	3	1.6%	3	0.5%	6	0.8%
ハンノキ属ハンノキ節	4	2.1%	1	0.2%	5	0.6%
その他21樹種	13	6.7%	25	4.3%	38	4.9%
同定標本数	193		583		776	

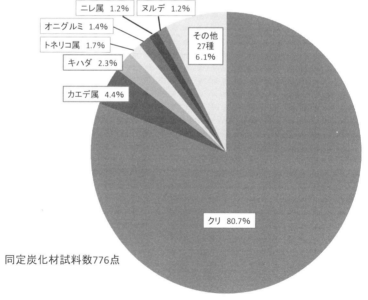

同定炭化材試料数776点

図3－11　三内丸山遺跡第六鉄塔地区から出土した縄文時代前期の炭化材の樹種組成グラフ（前田・鈴木［1998］から能城［2014］が作製）

4. 縄文人の食生活を支えたクリ

クリの実の出土

　こうして、縄文時代にはクリの木材が非常に広範に使われているのですが、その資源はどうだったのでしょうか？　クリは木材だけではなく、食糧として縄文人にとって非常に重要なものであったことは間違いありません。第1章5節で紹介したように、縄文人がクリを食べた証拠は縄文時代早期まで遡ります。木材利用が縄文時代草創期まで遡るのに比べ数千年後になりますが、これは「出土」を遺跡で確認できたのがそれまで、ということで、きっと縄文人がクリに出会ったそのときから食べていたことと思います。そしてそれ以降の縄文時代の遺跡からはクリ塚（図3-12A）という形で剝かれたクリの果皮（図3-12B）が大量に出てくることがしばしばあります。また、炉や焼失住居から「炭化子葉」、つまり焼けて果皮がなくなり、炭化した中身（子葉＝食べる部分）（図3-12C）がまとまって出土することもあります。このようにクリの実が出土する場合、火を受けて炭化した場合は子葉部分（可食部）が、火を受けていない場合は水漬けの堆積物中にあるもののみが残り、中身は分解消失して果皮の部分だけが出土します。クリ塚などでは剝かれた果皮のみですが、堆積物中の場合、ほとんど完全なクリの実の形（中身は消失）のこともあり、ごく希に毬（いが）が出土することもあります。

出土クリの大きさ

　クリ拾いに行って、様々な大きさのクリの実が落ちていれば皆さんも大きい方から先に拾うでしょう。毎年毎年秋になってクリ拾いに出かけていれば、大きいクリの実がなる木、実をたくさんつける木、早く実が落ちる木、遅くまで実が残っている木などを覚えていてそのときその場所に行くことになるでしょう。あるいはおいしい（甘い？）実がなる木も覚えていて、それを求めて山に入ったかもしれません。遺跡から出土する「クリの遺体」というのはそうやっ

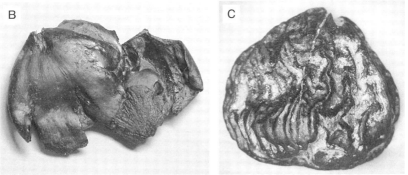

図3-12 クリ塚と炭化子葉（吉川純子氏提供）　A：新潟県胎内市の野地遺跡（縄文時代晩期）のクリ塚。剝かれたクリの皮がびっしりと堆積している。B：出土したほぼ完形のクリの果皮。こういう資料からクリの実の大きさが測れる。C：山形県小国町の下叶水遺跡（縄文時代晩期）から出土したクリの炭化子葉（可食部）。これもクリの実の計測に使える。

て集めたたくさんのクリの実のうち、剝いたクリの皮（果皮）や誤って火を受けてしまったものですから、それは当時の人たちが食べていたクリの実を代表するものと考えてよさそうです。口絵27はそういった遺跡から出土したクリの実の大きさを測った結果です（吉川純 2011、佐々木 2014）。

　この図ではクリの実の大きさの指数（果皮の幅と高さをかけたものの平方根）を横軸、時期を縦軸（上ほど新しい）にとってあります。クリの実の一番早い時期のデータはすでに紹介しましたように滋賀県の粟津湖底遺跡の「クリ塚」のものです。ここでは十分な測定値が得られてないので度数分布ではなく、Range（範囲）で示されています。クリ塚のクリの大きさは指数で15〜20の範囲になります。次いで福井県鳥浜貝塚の縄文時代前期のデータで指数の範囲は18〜27くらいとやや大きくなります。三内丸山遺跡の縄文時代前期末のクリの指数は中心的な値が18〜25くらいで鳥浜貝塚の範囲とほぼ重なります。その後、縄文時代中期の大船C遺跡（函館市）もほぼ同じような値ですが、和台遺跡（福島市）、後期の弁天池低湿地遺跡（東京都練馬区）、晩期の野地遺跡（新潟県胎内市）、米泉遺跡（金沢市）と確実に大きくなっていきます。そして青田遺跡（新潟県加治川村）ではそれまでにない大きさのものも現れます。このようにクリの実の大きさが時代が下るにつれて大きくなっていることが示されているのですが、下叶水遺跡（山形県小国町）だけは事情が異なり、縄文時代晩期の他の遺跡に比べて格段に小さいことに気がつきます。

　また、この図には現在のクリのサイズも重ね合わせてあります。最上段の「栽培種の大きさ」とした範囲が、現在秋になると店頭に並ぶクリのおおよその大きさです。現在栽培されているクリは丹波や筑波などの名がついたたくさんの品種がありますが、それらは日本在来のクリをベースにして品種改良がなされたものです。一方、下の方、三内丸山遺跡のデータの上に「野生種の大きさ」とあるのが、山に自生しているクリ、いわゆるシバグリ（柴栗）といわれるもののサイズ範囲です。これは氷河時代が終わって日本列島にたくさんのクリが生えるようになって以来の自然集団、つまりほぼ縄文時代以来のクリの子孫、といえます。こうしてみると、縄文時代の早い時期（早期〜前期）には野

生のクリと同じサイズの実を縄文人が食べていたが、縄文人が食べたクリは時代が下るにつれてだんだん大きくなり、そして縄文時代晩期の終わり頃には現在の栽培クリと同じくらい大きなクリも食べていた、ということになります。すなわち、縄文人が野生のクリから実の大きいものを選抜し、積極的に大きい実のなる木を育成管理していた可能性を示しているようです。

縄文人は野生と「栽培」クリの両方を食べた

一方、サイズが極端に小さかった下叶水遺跡のそれは現在の野生クリとほぼ同じ大きさです。この遺跡のクリはほぼ同じ時期の青田遺跡、野地遺跡などと比べると歴然と小さいです。これはなぜなのでしょうか。私は遺跡の立地の違いによるのではないかと考えています。野地遺跡や青田遺跡は新潟平野の現在は水田地帯となっている低湿地にある遺跡です。一方、下叶水遺跡は新潟平野の北部で日本海に流れ込む荒川の源流に近い山間部の谷あいにある遺跡です。平野部の低湿地にある遺跡のまわりには森林というものはなく、草原にヤナギやハンノキが生えるような環境で、遺跡の人びとに「利用」される人工的な植生しかなかったでしょう。人びとはそこにクリの木を育成管理し、また新たに苗を育ててクリの実を採ると共に木を伐って掘立柱の住居を作っていたことでしょう（口絵28）。したがって人びとは自然林からクリの実を拾ってきたのではなく、大きな実のなる木を育成し、またその実から作った苗を植えるということを積極的にやっていたことが十分考えられます。

これに対して下叶水遺跡は周囲を深い森に囲まれた山間部にあります。小国町では昭和20年（1945）代までクリは重要な食糧資源および換金産物として大いに利用されていたということです（門口 2011）。ここで採られていたクリはシバグリ（ヤマグリ）で、現在も立派なクリ林が残る同町金目の「まみの平自然観光栗園」にあるのもシバグリです。下叶水遺跡から出土したクリもまさにシバグリのサイズであることは、当時、周囲の山林には豊富なクリがあって、遺跡の人びとはそれを採取することで十分食糧を賄えたことから、わざわざ「栽培管理」ということをしなくてもよかったからではないでしょうか。現在

でも私たちはハイキングなどに行ってシバグリが落ちているのに出会うと「味がいい」といって夢中で拾います。縄文人もきっと自分たちが栽培しているもののみならず野生のクリの実も競って集め、食べていたのではないでしょうか。

　いずれにしてもクリの実は縄文時代の早い時期には現在の野生のシバグリと同じようなサイズであったものが、時代が下るにつれて大きくなり、晩期には現在の栽培のクリと同じくらいの大きさのものもあった、ということになります。なお、弥生時代になるとクリはあまり食べられなくなるようで、出土するクリはシバグリのサイズに戻ってしまうとのことです。クリを愛する度合いにおいて縄文人と弥生時代以降の人たちではずいぶんと違っていたようです。

第4章　縄文人のクリ資源管理を考える

1．クリの資源量を計る

　縄文人はクリの実を主要な食糧源とすると同時にその木材を建築材、土木材、燃料材などとして大量に消費していました。実を取ることを目的にする場合は木を伐らないのが普通のように思われますが、いったい縄文人はこの「二律背反」をどう解決していたのでしょうか？
　その前提として、まず雑木林にはどれだけのクリの木があるのかを考えてみましょう。
　第3章1項で紹介したように「中間温帯性自然林」にはクリをまじえた林があるようです。そういった林が縄文時代前半の地球温暖化の中、日本の植生帯が冷温帯落葉広葉樹林から暖温帯の森林に変わるはざまで一時的に拡がった時期があったようですが、現在ではそういった場所は照葉樹林化するか、あるいは縄文時代以来の人間活動により「自然林」というものはなくなってしまっていますので、現在の日本列島にはクリの天然林というものはほとんどないといえます。それではクリはどこにあるのかといえば、それは雑木林です。現在の雑木林にクリはどのくらいあるのか、ということを青森県三戸郡田子町の雑木林と宮城県大崎市川渡にある東北大学の川渡農場（正式名は東北大学大学院農学研究科附属複合生態フィールド教育研究センター複合陸域生産システム部という恐ろしく長い名前です）の雑木林で調べてみました（表4-1）。いずれの調査地にも胸高直径5cm以下のクリはなく、ヘクタールあたりの本数が田子で346.4本、川渡が700本、平均で523.2本という値になりました。田子は30cm以上の太い木がそこそこにあるのに対し川渡は25cm以下で本数も多い

表4-1 雑木林にあるクリの本数（ヘクタールあたり）

直径級	田子	川渡	平均
6-10cm	50.0	33.3	41.7
10-15cm	110.7	366.7	238.7
15-20cm	92.9	166.7	129.8
20-25cm	42.9	133.3	88.1
25-30cm	28.6	0.0	14.3
30cm以上	21.4	0.0	10.7
合計	346.4	700.0	523.2

ことから「若い雑木林」といえるでしょう（口絵29）。とにかく、東北地方の普通の雑木林ではヘクタールあたり500本程度のクリがあるとみてよいでしょう。

2．クリを伐る

クリの択伐による萌芽再生は？

　クリの現存量調査と同時に、クリの萌芽再生力の調査もやりました。東京都立大学の山田昌久氏らは岩手県一戸町の御所野遺跡と一戸町内の山林（女鹿川流域）で石斧によるクリの木の伐採実験をやっていました。そこで私たちは伐採した後の萌芽再生の具合を調べることにしたのです。

　クリの伐採は雑木林の中で竪穴住居復元に適当なクリの木を見つけて、それを抜き伐り（択伐といいます）するものです。山田氏らは1999年8月に雌鹿川で10本、2000年に御所野で20本伐っていました。太さは直径が8～37cm、平均20cmでした。伐採に使った石斧はすでに紹介したように鳥浜貝塚から出土した石斧柄をモデルに復元制作されたものです（図2-5）。石斧で伐るには幹の腰に近い高さに石斧を斜め上から振り下ろして打ち付けます（図4-1）。これを木の周りを回りながらやるので、切り口は上は鉛筆の芯を削ったようになり、下はささくれでぼさぼさになります。

　私たちは2000年11月に1回目の調査を行いました。その結果、1999年8月に伐採した女鹿川の10株には全く萌芽枝が出ていませんでした。一方、この年の8月に伐採した御所野遺跡の20株のうち、8本には萌芽枝がありませんでしたが（図4-2A）12本には合計86本もの萌芽枝が出ており（図4-2B）、最大長は47cmありました。しかし、翌年11月に同じ株を調べてみると、生きた萌芽枝を持っているのは3株に減り、萌芽枝は30本、最大長は90cmでした。そして2002年に調査に行ったときには生きている萌芽枝は1本もありませんで

した。もちろん、この間、抜き伐りをやった林の中を探し回ったのですが、クリの実生苗というものは1本も見つけることはできませんでした。

チェーンソウで伐るとクリは増える?

御所野遺跡ではそのとき、竪穴住居復元のためにたくさんのクリ材を伐採業者に注文していました。私たちはその業者に場所を教えてもらって伐採した後の萌芽と実生の発生状況を見に行きました。クリ材を伐りだしたところは雑木林で、皆伐したところ、クリだけ抜き伐りしたところ、いくらか高木を残してあとは皆伐したところなどいろいろで、私たちが求める結果を集計できるような条件をそろえての調査というのは難しい状態でした。

図4-1 クリを石斧で伐る（御所野遺跡の雑木林）　石斧は鳥浜型の膝柄。このクリの木（直径約20cm）は15分ほどで伐れた。

伐採はチェーンソウで行われ、その場合、地際で伐ります。地際の切り株からたくさんの萌芽枝が出ているのを見ました（図4-3）。どの萌芽枝も太く、御所野で見た細い貧弱な萌芽枝とはずいぶん違います。これだけ元気な萌芽枝ならちゃんと成長できるのではないかと思いました。この萌芽枝の出方の違いが、チェーンソウで伐ったことによるのか（石斧で伐ると切り口がぼさぼさになりそこから水分が奪われて樹勢が弱るのか？）、地際で伐るのと石斧で腰の高さで伐るのではひこばえの出かたが違うのか、あるいはチェーンソウで伐られていたクリは一般に太い木が多く、石斧で伐った木は細いのが多かったからなのか、そもそも光条件が違うからなのか等、いろいろなことが考えられましたが、どうにも決着をつけようが

図4−2　御所野遺跡のクリの萌芽調査　A：萌芽がない株。B：細い萌芽枝を多数着けた株。

ないデータしか取れませんでした。

抜き伐りをすればクリの木はなくなる

　植物は多数が集まって群落をつくっていますが、そこでは光を求めて熾烈な競争が行われています。より多くの光を受けて大きく成長し、たくさんの花を付けてたくさんの種子を稔らせ、より多くの子孫を作る、それが生物としての使命です。抜き伐りするとクリの木が占有していた場所に「空所」（ギャップといいます）ができ光が林の中に射し込んできます。このギャップが十分大きいと林床まで十分光が届き、クリのような陽樹の萌芽枝や実生苗が成長できるチャンスが生まれるのですが、木1本分くらいの小さいギャップではまわりの木が枝を伸ばしてギャップをすぐ塞いでしまうのが普通です。したがってクリだけを抜き伐りした場合、すぐギャップがふさがれるのでひこ生えや実生苗がもし芽を出したとしても光が充分にないため大きく成長することができず、い

ずれは消えてしまうだろうと予想していましたが、まさにその通りでした。

結論として、クリを含む森からクリの木だけを抜き伐りすると、クリの木はなくなってしまう、ということがわかりました。

3．10年計画の実験を開始

どんな実験をやるのか？

さて、それで予備的な調査の結果を踏まえてきちんと条件をそろえて実験を行うことにしました。山田氏らと共同で川渡農場の雑木林で実験を開始したのは2001年のことです。

図4－3　チェーンソウで地際で伐った株から多数出ていた旺盛な萌芽枝
（青森県田子町の雑木林）

〔実験計画〕

① 抜き伐りではクリはなくなることがわかったので、今度は「皆伐」する。
② 伐採具が石斧とチェーンソウで萌芽再生に違いがあるのかを調べる。チェーンソウで伐る場合、石斧伐採との対比なので石斧伐採と同じようにほぼ腰の高さで伐る。
③ 実験区自体は10×10mとするが、実験区のすぐ脇に木が生えていては区内に十分な光が入らないから、周囲5mほどの範囲を緩衝地帯としてチェーンソウで伐採する。結局10×10mの調査区は20×20mの範囲の木を皆伐する。
④ 伐採1年後、2年後、5年後、10年後というようにクリ萌芽再生個体および実生発生個体の動態を追跡調査する。

このように実験の条件を決めたうえで、この実験に興味のある多くの方々の

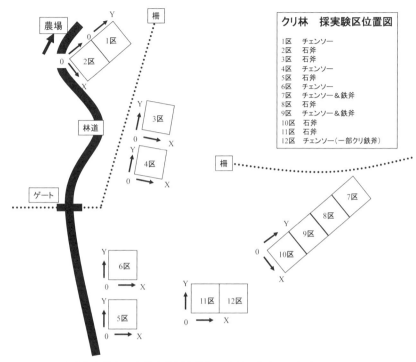

図4－4　宮城県大崎市の東北大学川渡農場の山林の調査区　標高約400m。調査区は1辺10mの正方形で2001年に1～6区、2002年に7～12区が設けられた。

協力を得て、多いときは総勢30名ほどが農場の施設に合宿して行いました。

調査区を設定する

調査地は川渡農場の標高約400mのかつては薪炭林であった雑木林です。調査区は、2001年に石斧伐採区とチェーンソウ伐採区を3つずつ、合計6区、2002年にも新たに同様に6つの調査区、合計12区を設けました（図4－4）。7区から10区は連続して設けたので緩衝地帯も含めると$20 \times 50m = 1000m^2$という大きさになりました（口絵30）。各調査区についてすべての木の位置（XY座標）、樹種、胸高直径（あるいは幹周）、樹高を記録しました。その結果、12の調査区にあるクリの木は全部で65本で、ヘクタールあたりだと541.7本とな

第4章 縄文人のクリ資源管理を考える　85

表4-2　伐採後のクリ萌芽及び実生の動態

調査区 10×10m	伐採方法	伐採年月	クリ本数	萌芽株数 2002	2004	2006	2012	萌芽枝数 2002	2004	2006	2012	実生数 2002	2004	2006	2012	クリ再生数*
2	石斧	2001.8	11	-	-	-	3	-	-	-	4	-	-	-	14	3
3	石斧	2001.8	9	5	2	1	0	74	18	3	0	4	5	4	1	0
5	石斧	2001.8	6	2	1	1	0	13	2	1	0	5	6	1	1	0
8	石斧	2002.11	1	-	-	-	0	0	0	-	0	-	58	-	3	3
10	石斧	2002.11	6	-	1	-	0	-	13	-	0	-	9	-	3	3
11	石斧	2002.11	4	-	1	1	0	-	1	-	0	-	-	21	0	0
石斧区合計			37	7	6	2	3	87	34	4	4	9	78	26	22	9
(ha)			616.7													150.0
1	チェーンソウ	2001.8	5	-	-	-	1	-	-	-	2	-	-	-	13	2
4	チェーンソウ	2001.8	4	3	0	0	0	55	23	0	0	10	7	8	10	0
6	チェーンソウ	2001.8	5	2	0	0	0	23	0	0	0	17	18	14	2	0
7	チェーンソウ	2002.11	6	-	-	-	5	-	9	-	5	-	104	-	3	8
9	チェーンソウ	2002.11	1	-	0	-	0	0	0	-	0	-	28	-	3	3
12	チェーンソウ	2002.11	7	-	3	-	2	-	47	-	7	-	-	19	2	8
チェーンソウ区合計			28	5	4	0	4	78	79	0	14	27	157	41	33	21
(ha)			466.7													350.0
総計			65	12	10	2	7	165	113	4	18	36	235	67	55	30
(ha)			541.7								150.0				458.3	250.0

萌芽・実生調査は2002年11月、2004年6月、2006年8月、2012年10月に実施した。
＊クリ再生数は2012年調査時に樹高4m以上だった個体数。

り（表4-2）、先に紹介したように予備調査で得た東北地方の雑木林の500本という値とほぼ同じといえます。ただ、調査区が狭いので1本しかない区から12本もある区など、ばらつきが大きいです。最大のクリは8区の1本で、幹直径42cm樹高22mもありました（図4-5）。

石斧で木を伐る

毎木調査の後はいよいよ伐採です。チェーンソウでの伐採は私が一人でやりました。6つのチェーンソウ区とすべての調査区の幅約5mの緩衝地帯です。石斧での伐採は長時間を要しました。伐る人、カウントする人、記録する人と交代しながら伐採に挑みました。この過程で、樹種、太さと伐採に要する労力のデータを取ることができました（口絵16）。これまでクリだけを抜き伐りする、ということをやってきたので、樹種の違いによる石斧の切れ味の違いというのはわかりませんでしたが自分で石斧を打ち付けてみて、その違いを体験することができました。それにしても石斧で伐採した跡地は、頭がぼさぼさの切り株が立ち並び、私たちには馴染みのないなんとも奇妙な光景でした（図4-6）。

図4-5　8区の最大のクリ　胸高直径42cm、樹高22mである。この木を伐るのに石斧を5000回ほど打ち付け、約4時間を要した。

4．10年後、クリは増えたか減ったか？

伐採後の経過を見る

こうして作った実験区でその後萌芽がどうなるか、実生が発生するのかな

図4-6 伐採区の様子 A：石斧区。B：チェーンソウ区。

ど、経過を見ていきました。調査区の2つでは林内放牧の牛により萌芽した枝が食べられてしまうというハプニングがありました。また、防腐用にクレオソートを染みこませた調査区の境界の杭が熊に抜かれるということもありました。そして一番困ったのは、調査地に行く林道の崖が大崩壊して事前に計画していた時期に現地に行けなくなってしまったことでした。そういったことを乗り越えて、萌芽および実生の調査を2002年11月、2004年6月、2006年8月、2012年10月と2013年7月に行いました。最初の伐採から12年ということになります。2013年7月は前年の調査でやりきれなかったことをやったので図表等では2013年の結果は2012年の結果としてまとめてあります（表4-2）。

萌芽再生

　森林が伐採されると、光が地面まで届くようになり、様々な植物が一斉に生存競争のスタートを切ります。しかしこれが100m競走のようにみんなが同じ条件で同時のスタートというわけにはいきません。萌芽更新と実生更新というハンデが大きく違う2つのグループがあるのです。萌芽更新は切り株に蓄えられた栄養分という大きな「親」からの遺産を使って有利にスタートを切れます。萌芽枝が出やすい樹種はスタートダッシュでいち早く優位な位置につくことができます。一方、種子からのスタートとなる実生グループでも種子の大きさ（親からもらった栄養分の量）にハンデの違いがあります。こうした「不公平」な光をめぐる競争を経て次世代の雑木林が作られていきます。

　そこで、2002年の2回目の伐採実験の折に前年伐採した3～6区の萌芽と実生の調査を行いました（表4-3）。この表は3～6区のすべての切り株からの萌芽枝を調べた結果です。サクラ属（ヤマザクラとオオヤマザクラを合わせたもの）からミズナラまで14の「樹種」で萌芽枝を出した比率が100％でした（図4-7）。一方、ウダイカンバとミズキは全く萌芽枝がありませんでした。そして、クリを含むコナラ～ウリハダカエデまでの6樹種がその中間でした。また一株あたりでどのくらいの萌芽枝を出したかを見るとサクラ属の42.5本を筆頭に多くの樹種で10本以上を出していました。クリは表に網掛けしてあるよ

第4章 縄文人のクリ資源管理を考える　89

表4-3　様々な樹種の萌芽のしやすさ

（3～6調査区の全樹種について2002年11月に調査）

樹　　種	伐採本数	萌芽本数	萌芽率(%)	萌芽枝数	枝数／株
サクラ属	14	14	100	595	42.5
カエデ属	11	11	100	305	27.7
アオハダ	8	8	100	307	38.4
リョウブ	6	6	100	193	32.2
アカシデ	3	3	100	9	3.0
ネジキ	2	2	100	44	22.0
サラサドウダン	2	2	100	38	19.0
ノリウツギ	2	2	100	35	17.5
クロモジ	2	2	100	29	14.5
オオバクロモジ	2	2	100	23	11.5
ハクウンボク	2	2	100	16	8.0
ヤナギ属	1	1	100	17	17.0
オオウラジノキ	1	1	100	16	16.0
ミズナラ	3	3	100	12	4.0
コナラ	17	14	82	237	16.9
ホオノキ	3	2	67	17	8.5
ヤマウルシ	3	2	67	6	3.0
クリ	22	12	55	165	13.8
コシアブラ	2	1	50	3	3.0
ウリハダカエデ	34	7	21	25	3.6
ウダイカンバ	4	0	0	0	0.0
ミズキ	4	0	0	0	0.0
総　　計	148	97	66	2092	21.6

サクラ属＝オオヤマザクラ、ヤマザクラ
カエデ属＝イタヤカエデ、コハウチワカエデ、ヒトツバカエデ、ミネカエデ、オオモミジ

うに22本中12本（55％）に萌芽枝が出て、1株当たりの萌芽枝数は13.8本でした。これは多いというほどではなく、また、少ない、というほどでもない数値で、クリにとって萌芽は確かに再生の一つの手段だといえるでしょう。

　こうやって芽生えたクリの萌芽枝がその後どのようになっていったかは表4-2に示してあります。3～6区の萌芽枝を持つ切り株数は2002年は上に紹介

A：多数の萌芽枝が出たオオヤマザクラ。　B：ハクウンボクの萌芽枝は成長が早い。

C：比較的萌芽枝の多いクリだが、萌芽枝がひ弱である。　D：多数の萌芽枝に覆われるアオハダ。

図4－7　伐採1年後の萌芽状態

したとおり12株でしたが、2004年には3株、2006年には2株に減り、2012年にはゼロになってしまいました。結局全調査区で2012年まで萌芽枝を出していた株数は7株のみということになります。

一方、一つの切り株から多数の萌芽枝が出ますが、同じ株から出た萌芽枝間でも光をめぐる競争により、本数が減っていきます。3〜6区の総数165本（株当たり13.8本）あった萌芽枝は2004年には113本になり、2006年には54本、2012年にはついにゼロとなってしまいました。全調査区で見ると2012年まで生き残った萌芽枝は18本ということになります。

実生再生

林床に光が届くようになると地表付近の土の中でチャンスを待っていた埋土種子から、そして周囲の親木から新たに散布された種子が一斉に芽生えます。マラソン大会第二陣のスタートです。樹木だけでなく草本も、そしてシダ植物もこのレースに加わります。萌芽と同じようにすべての樹種の実生苗の動態を追うということはとてもできなかったのですが、萌芽率の低かったウリハダカエデの実生がたくさん出ていることに気づきました（図4−8）。この樹種は萌芽しにくいのをたくさんの実生苗で補って雑木林でも常にある程度の勢力を保持し続けているのでしょう。

それで、クリはどうなんでしょうか。表4−2にありますように、チェーンソウ伐採の4区と6区合わせて27本の実生苗があったのに対し、石斧伐採区の3区と5区を合わせても9本しかありませんでした（図4−9）。しかもその大きさを見ると図4−10に見るように明らかに石斧区の方が劣っています。この結果を見たときに思い当たることがありました。それは伐採区の状況です。調査区を設定するとまず4〜5人が組みになって毎木調査をやります。このときの人が林内に入ることによる「攪乱」というのはわずかなものです。それが終わってから伐採に入りますが、チェーンソウ区ではほとんど私一人が次々と切り倒し、倒れた木を運べる長さに切ってみんなで手伝ってもらって調査区外に運び出します。それに対し石斧区ではすでに紹介しましたように4〜5人掛

図4-8 ウリハダカエデの実生（伐採後1年） 伐採作業で踏み荒らされて黒土が露出したところに多数発生した。

図4-9 伐採1年後の3〜6区のクリとリョウブの実生 クリの方が「ひ弱」に見える。

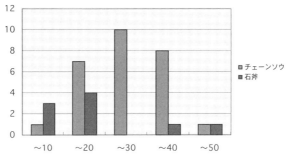

図4-10 伐採1年後の3〜6区のクリ実生数（縦軸）と背の高さ（横軸、単位はcm） チェーンソウ区では正規分布をするが、石斧区では数も少なく、中央がかけたようになっている。

かりで伐る人、数える人、記録する人、それに次の伐る順番に備えて休んでいる人という具合に大人数で伐っている木のまわりに長時間います。そのため、表土が激しく踏み荒らされ、特に傾斜の強い場所では表土がはぎ取られるような状態になります。こういった場所はウリハダカエデのような小さな種子には実生が発生する「絶好の場所」となり得ますが、クリやクルミなど大きな種子（実）にとってはどうも定着しにくいようです。二種類の伐採区でクリの実生の発生と定着に大きな違いが出たのはそういったことに原因があるように思いました。

　さて、そうしたことを考え、2002年の伐採区では攪乱をなるべく少なくするように多少とも配慮しました。それに伐採区の周囲に大きな親木が何本もあることも作用したのでしょう。2004年の調査時には合計235本と桁違いに多い実生が見つかりました（図4－11）。一番多かったのはチェーンソウ伐採の7区（図4－12）で104本もありました。石斧伐採の8区でも58本ありましたから、「踏み荒らし」の影響は考えなくてもいいようです。しかしこのように多数発生した実生ですが、2012年まで生き残ったのは石斧区で22本、チェーンソウ区で33本、合計55本に留まりました。

2012年の再生個体の意味

　この実験は10年ということで計画しました。なぜ10年なのかという疑問は当然です。川渡農場での伐採実験を始める前の予備調査の折に岩手県二戸市上斗米付近の伐採後数年を経たと思われる雑木林を調べたことがありました。そこではいろいろな樹種の若木が競って成長していて、樹高が3～4mあり、その中に他の木に負けないでクリも混じっていました。この若い「雑木林」のコナラやクリの根元での年輪を調べたら7、8年でした。つまり8年くらい前に伐採された所なわけです。見たところ、現在この林の「林冠」を作っているコナラ、クリ、サクラなどがそのまま育って雑木林に再生することが十分考えられました。ですから、伐採して10年程度後の様子を捉えられれば、それができあがる雑木林の構成と思ってまず間違いないだろうと考えたわけです。もちろ

図4-11 クリの実生苗の探索風景 あったところに目印のテープを付ける。

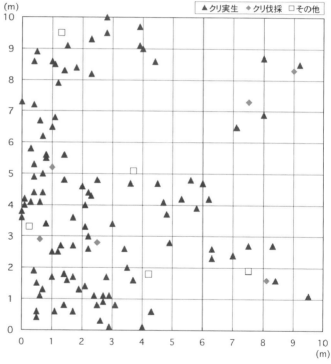

図4-12 7区（チェーンソウ区）の伐採木とクリ実生の分布図（2004年調査） 菱形はクリ、四角はその他の樹種の伐採木の位置。△が実生の位置。実に104本ある。これだけ発生しても2012年まで生き残ったのは3本のみである。

図4−13 生い茂った10年後の伐採区 林冠の高さは4mほどである。

ん、20年後、30年後まで調査区がどうなっていくかを見ていければいいのですが、ヒトというものには寿命もあり、わたし自身定年退職となってこの先調査を継続するのはおぼつかないので、とにかく10年後まで見届ければ伐採区の将来が見えてくるだろうという計画だったわけです。

それで、1〜6区については11年後、7〜12区については10年後の「最終調査」となったわけです。それでは10年後の萌芽枝や実生苗は次の雑木林をになう木になれるほどになっていたのでしょうか？

10年前に伐採した調査区は様々な樹木が平均して4〜5mの高さに生い茂っていました（図4−13）。なかにはその高さを飛び抜けている樹木もあります。そんな「飛び抜けた」木にクリが目立ちました（図4−14）。図4−15は2012年時点での萌芽および実生で再生した73本を太さ（地際直径）と樹高にプロットした図です。林冠の平均的な高さが4〜5mですから、4m以上の樹高の木は再生雑木林の林冠構成木になると見てまず間違いないでしょう。4m以上の木は30本あります。悩ましいのが3〜4mの4本です。これらは林冠にちょこちょこと頭を突っ込んでいる、というような状態といえます。条件が合えば林冠構成木になるチャンスは充分にあるのではないかと考えました。

図4-14 クリの再生個体の様子

A：すっくと立った萌芽個体。
B：胸高直径10cmまでになった実生個体。
C：7本の主幹を出した萌芽個体。
D：伐採株の上部からでた萌芽個体。

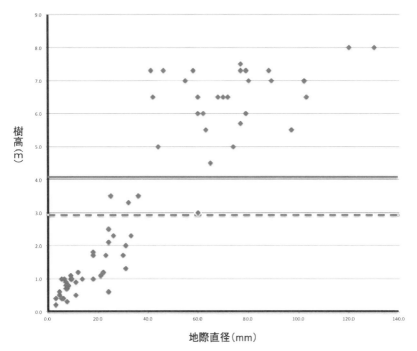

図4−15　クリ再生個体の地際直径（mm）と樹高（m）　4m以上の点は28しかないが、2点が全く同じ数値で重なっているので、4m以上のクリは実際は30本ある。

3m以下の木は、残念ながらこのままでいくと他の木々に被陰されて消えていく運命にあると判断しました。

結論：皆伐するだけではクリが増えることはない

　結局、2012年時点で4mを超えている30本が次世代を担うと見なしますと、再生する雑木林にはヘクタールあたり250本ということになります（表4−2）。これは伐採前のヘクタールあたり541.7本より遥かに少なく、また現在の東北地方で想定された雑木林のヘクタールあたり500本という数字の半分しかありません。

　250本という数字になった原因はいろいろと考えることができます。表4−

2で見るようにチェーンソウ伐採区では4m以上のクリの本数が21本（350本/ha）で伐採前の28本（466.7本/ha）にいくらかでも近い数字なのに対し、石斧伐採区ではわずか9本（150本/ha）で伐採前の37本（616.7本/ha）には遠く及びません。これは伐採区によってはたくさんの実生苗が発生したことはあるものの、やはり全般的に石斧伐採区では伐採作業による地表面の攪乱が再生にマイナスに働いてしまったことが考えられます。林内放牧による食害その他クリの再生にマイナスに働いたかもしれない要因は考えることができます。また実験区の数が少ない、実験面積が少ないためデータが十分とはいえない、ということもあったでしょう。しかし、それらを勘案して減少分を加味したとしても250本という数字を500本に大きく近づけるのは難しいと考えます。

すなわち、現在ある雑木林を単に伐採して放置するだけではクリの資源量はよくて元のレベル、一般には元のレベル以下になる、ということです。縄文人が集落周辺の雑木林でクリの木を伐って利用する場合、抜き伐りではすぐさまクリはなくなってしまい、皆伐してもそのままほったらかしにして成長を待ち、ある程度大きくなってからクリの実を採り、また皆伐するということを繰り返していくとクリ資源は時間の経過と共に細っていくということです。

5．クリの成長

縄文人がクリの生育地を用意した

第2章4項でクリのすばらしさを紹介しました。「桃栗三年柿八年…」のことわざにありますように、クリはタネを植えてから3年でもう実がなる早熟の木です。これは同じく縄文人が食糧とした他の木の実、たとえばナラ類（ドングリ）、クルミ（オニグルミ）では10年くらい、トチノキなどは15年以上はかかるのと比べると抜群の速さです。この「早熟さ」は早い成長とセットになっています。

クリは明るい環境下では非常に早い成長をします。明るい環境ということはクリの木の成長を妨げる他の木がない（競争相手がいない）、ということです

から、これは縄文人が木を伐って開いたムラの周囲がまさにそれに当たります。縄文人が原生林を伐り開いてムラをつくってそこに生活するようになったことにより、クリにとって「好適」な環境が用意されたのです。縄文人が原生林を伐り開き、家を建てて住むようになった草創期の終わり頃から早期の頃、そこに拡がる自然の森には野生のクリがあって縄文人はそこでクリと出会ったわけですが、その森を伐り開いてムラをつくると、切り株からひこ生えが出るもの、出ないもの、新たにタネから生えてくるものなど、様々だったでしょう。そうした中でクリは明るい環境の下、すくすく育ってすぐに実を着けます。縄文人はその特性にすぐに気づき、他の樹種のひこ生えや実生苗を刈り払って燃料とし（柴刈り）、クリの成長を助けたことは容易に想像がつきます。こうしてクリはみるみる大きくなり、たくさんの実を着けるようになります。そして木が太さ10～30cmほどに大きく育つ頃になるとクリも含めて再生した林を再び伐り払います。こうして育ったクリの木は成長がとても早いことが年輪に記録されています。

クリの年輪成長

　図4-16は様々なクリの年輪成長曲線を表したものです。横軸は中心からの樹齢、たて軸が幹の半径です。「公園植栽木」とあるのは青森市の運動公園に植えられていたクリ、「川渡1・2」、「田子1・2」とあるのは前節に登場した川渡農場と田子町の雑木林のクリ、「手宮公園」とあるのは次の章で紹介する小樽市の手宮公園内にあったクリ、そして「三丸柱1・2」とあるのは三内丸山遺跡の北側斜面にあった六本柱建物の柱で、2本は隣り合ってありましたが、別な時期の別な建物の柱だということです。

　樹木は成長につれ、年ごとに新しい年輪が外側に外側にと加わっていきます。幹の直径の増加につれ幹の断面積は2乗に比例して大きくなっていきますから、年輪成長曲線は「三丸柱1」のように、はじめは急だがだんだん緩やかになっていくのが普通です。同じ樹種で傾きが急なのはよい成長を、緩やかなのは悪い成長を示しています。成長曲線の途中で角度が急に変わるというのは

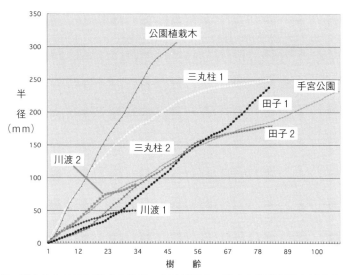

図4-16 様々なクリの年輪成長曲線　公園植栽木：青森市運動公園内植栽木。川渡1・2：川渡農場の二次林のクリ。田子1・2：青森県田子町の二次林のクリ。手宮公園：小樽市手宮公園の枯れたクリ。三丸柱1・2：三内丸山遺跡の北捨て場の縄文時代中期の六本柱建物の柱（2本はそれぞれ別な建物の柱）

その時点でその木を取り巻く環境が急に変わった（周囲の伐採などで光がよく当たるようになった、等）ことを物語っています。

「三丸柱1」は管理された木

そういった目で図4-16をみると、いくつかのことに気づきます。まず、川渡、田子、手宮公園のクリは皆似たような成長曲線ですので、これが東北〜北海道の山林にあるクリの一般的な成長パターンだと考えられます。それにたいして「公園植栽木」はそれらの倍以上の急激な成長を示しています。これは公園内に植えられた独立木でこの木の成長を妨げたりするものが何もない状態にあったからでしょう。そして三内丸山の2本の柱です。「三丸柱2」は東北〜北海道の山林のクリと同じような成長をしています。そのことはこの柱材が遺跡周辺の雑木林でじっくりと成長した木を伐りだして使われたことを示唆しま

表4-4 青田遺跡出土木柱主要樹種の平均直径、年輪数及び年輪幅

(木村・益子 2009)

樹種	個体数	平均直径 (cm)	年輪数	平均年輪幅 (mm)
クリ	87	21.4	27.8	4.01
コナラ節	63	16.1	63.4	1.34
クヌギ節	61	11.8	53.4	1.10
ヤマグワ	19	16.5	27.3	3.21
トネリコ属	5	10.6	31.6	2.25
アカマツ	4	9.1	16.5	5.59

す。一方「三丸柱1」は15年目くらいまでは公園植栽木とほとんど同じくらいの旺盛な成長を示し、その後だんだん成長量が落ちていっています。これはこの木は若木のときは開けた場所にあって他の木に被陰されることなく育ち、木が大きくなるにつれてだんだん周囲の木の影響が及ぶようになって成長量がゆっくりと低下し、ついには鬱閉した林となったところに生育していたと考えることができます。

　若木のときに他の樹木から全く影響を受けない、というのはどんな場所でしょうか。前節で見てきましたように、森林を伐採してそのまま放置すると様々な樹種のたくさんのひこ生えや実生苗が発生して互いに光をめぐる競争をして大きくなっていきます。したがってこのクリの木が生えていた場所は伐採後放置されるような所ではなく、クリ以外の木や草が取り除かれてクリの成長を妨げない環境であった、と考えざるを得ません。つまりその場所はこのクリの木の成長を妨げるような他のものが取り除かれるように縄文人により管理されていたということになります。そしてこの木が大きくなっていくにつれて「林」の環境となったということは、この「林」に生えている木はこのクリの木と同様に他の草や木に成長を妨げられないように保護されてきた木、ということですから、クリあるいは他の縄文人にとっての「有用樹木」(たとえばウルシ)だったのでしょう。つまり「三丸柱1」のクリの木は三内丸山遺跡の縄文人によって作られ、管理されていた林から伐ってきたもの、と考えるのが妥

当ではないでしょうか。

青田遺跡の柱材

　前章のクリの実の大きさのところで登場した新潟県の青田遺跡は川べりに掘立柱の住居が営まれた縄文時代晩期の遺跡で（口絵28）、住居の木柱が444本も発掘されていて、クリが154点（34.7％）、コナラ属のコナラ節が92点（20.7％）、クヌギ節が77点（17.3％）もあり、この3樹種で全体の7割強を占めます。東日本の縄文時代前期～後期の遺跡では柱材はほとんどがクリ材だったのに較べると、だいぶ比率が下がってきていることがわかります。この柱材の樹齢と年輪幅を見ると（表4-4）、クリは他の2樹種に比較すると直径は大きいにもかかわらず樹齢が半分程度ですので、年輪幅はクヌギ節、コナラ節の3倍も広いことになります（木村・益子 2009）。木村勝彦氏は同じ雑木林に生えるクリとコナラなどの年輪成長はほとんど変わらないとし、青田遺跡のクリがナラ、クヌギ類の3倍もの成長を示したことは、ナラ、クヌギ類は自然林（あるいは二次林）から伐り出されたものと思われるのに対し、クリは集落内あるいはその周辺で管理されて成長したものを使ったのだろうと推察しています（木村 2009）。まさに三内丸山遺跡の柱材と同じく、ヒトが管理して成長したクリの木がこれらの柱材に使われているというわけです。

6．縄文人はクリをどこに生やしていたか？

クリは虫媒花

　花には風媒花と虫媒花があり、風媒花はたくさん花粉を作って風に乗せて遠くまで飛ばし、虫媒花は少ない量の花粉を虫に運んでもらうので遠くには飛ばないことを第1章の3項で簡単に紹介しました。また、風媒花の花は虫を引き寄せる必要がないので地味で、虫媒花はよく目立つように派手です。それではクリはどちらなのでしょうか？　クリの花を見ると（口絵10C）、花びらといったものはないように見え、雄花は雄しべだけ、雌花は柱頭と総苞のみが見えて

とても地味です。この花の構造は同じブナ科で風媒花の代表ともいえるブナやナラ類、カシ類の花と基本構造は一緒なので、それらと同じく風媒花と思ってしまいそうですが、実はクリは「虫媒花」なのです。一つ一つの花は非常に小さくて目だった花びらもないのですが、これが多数集まってあたかも木全体、森全体が咲いたようになり昆虫にアピールします（口絵31A）。さらに特有のニオイを出してこれも昆虫を引きつけているのです。

虫媒花の花粉は飛ばない

　山形県小国町の金目という所に「まみの平自然観光栗園」というクリ拾いができる施設があります。4ヘクタールほどの平坦地で約600本のクリの木が生えているそうです。吉川昌伸氏はこの林の中と外のいろいろな場所で飛散してくる花粉の量を調べました（吉川昌 2011）。その結果、クリ林の中ではクリの花粉が60％以上になり、クリ林の林縁から2.5m外までの間では30％以上とクリの花粉が非常に多いのに対し、林縁から20m離れると5％、約200m離れてしまうと1％以下になってしまうという結果を得ました。飛散する花粉の量は風媒花でも親木から離れれば離れるほど減っていくわけですが、クリの減り方は遥かに急激です。これが何を意味するかといえば、花粉分析をした場合、クリ花粉が5％程度なら分析地点付近にクリの木がちらほらあったか、あるいはまとまったクリ林から分析地点が20mほど離れたところにあり、30％以上ならすぐそばにクリ林があり、60％以上なら分析地点はクリ林の中にある、ということを意味します。

　図1-6は東京都東村山市の下宅部遺跡の花粉分析結果ですが、縄文時代中期のS-1期にはクリ花粉は30～40％あります。これの分析地点は遺跡内を流れる小河川内ですが、クリは川原には生えないので、川のすぐ脇の台地上にたくさんあったのだろうと推定できます（吉川昌 2014、口絵6）。三内丸山遺跡は遺跡の大きさ、継続した時間の長さ、遺物の量と質、ということでいわば「縄文時代の三冠王」の遺跡といえますが、それだけ長い期間にわたって、多くの人びとのいのちを支えた中心食物はやはりクリだと考えられています。三

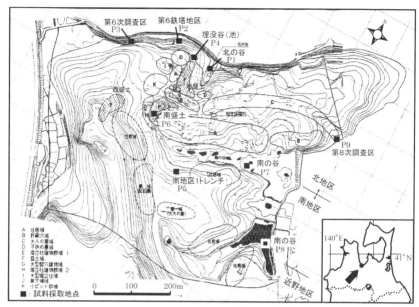

図4-17 三内丸山遺跡の花粉分析試料サンプリング地点（吉川昌他 2006）。

内丸山遺跡にどれほどのクリがあったのかは使用された木材の量などからある程度うかがい知れますが、花粉分析により驚異的ともいえる様子が見えてきました。

クリで埋め尽くされた三内丸山遺跡？

図4-17は吉川昌氏らが三内丸山遺跡の花粉分析試料を採取したP1〜P9地点を示す図です（吉川他 2006）。口絵19と見比べると遺跡内の位置関係がよくわかります。P1〜P4は遺跡の北側斜面とそこにできた小さな谷（北の谷）で、沖館川に面しています。P5は東南の居住域、P6は南盛り土です。P7は遺跡の中央に入りこむ小さな「南の谷」で、P8は美術館に近い南側の谷で近野遺跡に接する方です。そしてP9は遺跡の東端、多数の土壙墓が両側に並ぶ「東の大道」が台地を降りたところです。こうしてみると、三内丸山遺跡の特別史跡指定範囲は約35ヘクタールですが、そのほぼ全体をカバーする範

第4章 縄文人のクリ資源管理を考える 105

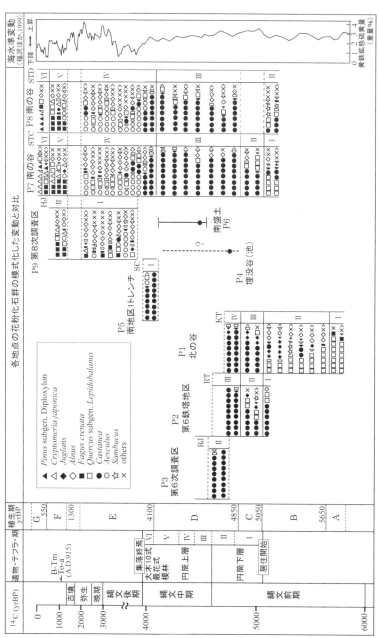

図4-18 三内丸山遺跡の花粉分析結果のまとめ（吉川昌他 2006）主要樹木花粉のうち5％以上のものを表示し、印（─）は10％、半分は5％の花粉量を示す。一行は縄文時代前期〜中期では約100年、後期以降は約200年を表す。

囲で花粉分析試料が採られているといえます。

　図４－18はその９地点での花粉分析結果を簡略化して１枚の図にまとめたものです。この図では１試料の分析結果を簡略化して１行で示してあります。注目は●印のクリです。印一つが10％です。吉川氏らは縄文時代前期から現在までの約6,000年間をＡ～Ｇまでの７つの植生期に分けています。

　Ａ期は放射性炭素年代で5,650yBP以前で、Ｐ１の結果を見るとクリはありません。Ｂ期（5,650～5,050yBP）の下の方はクリ花粉が出たり出なかったりですが、最上部では分析試料のあるＰ１、Ｐ２、Ｐ７、Ｐ８の４つの地点すべてで10％以上となり、Ｐ２では60％にもなっています。これは遺跡のどこでも10％以上、局地的に60％ということですから、金目のクリ林の結果から考えると遺跡全体にクリがあって、Ｐ２はまさにクリ林のまっただ中であった、ということのようです。

　そしてこの遺跡で居住が開始されたＣ期（5,050～4,850yBP）になるとＰ１、Ｐ２、Ｐ７の３地点ともクリ花粉が増え30～60％となることから、どの地点の周囲にもクリ林が拡がっていたようですが、場所によってクリ林の拡がりに濃密があったようです。Ｄ期（4,850～4,100yBP）がこの遺跡が最も栄えた時期ですが、Ｐ１～Ｐ３ではクリ花粉がなんと70～90％をも占めるようになります。それに対しＰ７、Ｐ８では35～85％と全般的にやや低く、また変動が激しいことがわかります。金目の結果では60％以上はクリ林のまっただ中、ということなのに、さらにそれを上回って90％とはどういうことなのでしょうか。金目のクリ林でクリの比率を下げているのはクリ林の周囲に拡がるスギ林とコナラ林です。これらはいずれも風媒花で遠距離飛散します。クリ林の外にある林から飛んできたスギやコナラの花粉がクリの比率を押し下げているというわけです。そうすると90％ものクリということは分析地点からかなり離れたところまでほとんどクリしかない、という状態であったということが考えられます。図３－８を見ていただくとわかりますようにＰ１～Ｐ３は沖館川に面していて遺跡から降りたところは湿地で樹林はなかったようです。これに対してＰ７、Ｐ８は居住域はあるものの、いわば、三内丸山ムラの「村はずれ」にあ

り、雑木林あるいは自然林が近くにあったと考えて差し支えないでしょう。それがクリ花粉量の若干の低下と変動に現れているといえるでしょう。しかしいずれにしても三内丸山ムラ自体は居住施設や大型竪穴建物、六本柱建造物などの諸施設、道路、お墓などで直接「地面」を使っているところ以外の場所にはそこいら中にクリの木が生えている状態だったことは間違いなさそうです。ムラの中に「クリ林」がある、というのは私たちにはちょっとイメージが湧かないかもしれません。しかし、石川県金沢市の米泉遺跡では縄文時代晩期の住居域と墓域の間にクリの根株が5株発見されました（能城・鈴木 1989）。発掘面積が狭いので村の全体像はわかりませんが、住居域、墓域とも「ムラの中」にある遺構ですから、まさにこの「クリ林」はムラの中にあったといえます。

　本章ではまず始めに、自然林であれ、雑木林であれ、クリの木が生えている林からクリの木だけを抜き切りしたらクリはなくなってしまうことを示しました。そして、次に皆伐した場合、伐採後放置したままでは再生してくる林のクリの資源量は伐採前と同じくらいかそれ以下となってしまうことを見ました。三内丸山遺跡にヒトが居住開始してから集落が終焉するまでの1,000年にもわたって、遺跡内のほぼ全域が「クリ林の中」といえるほどクリの木が多かった状態はどのようにして可能となったのでしょうか。

　その答えは「ヒトがクリの発生、成長を助長し、クリの妨げとなるものを取り除く」手当てをしていた、ということの他に考えられません。これを端的に表現すれば「栽培管理」ということになるでしょう。縄文人はクリの苗を積極的に作り、育て、実を採って食糧とし、幹直径が10〜20cmになった木は切り倒して木材を建築・土木用材に利用し、一部はその大きさでは伐らずに「大木」になるまで置いて大きくなってから使う、ということをやっていたと思われます。木というものは開けた土地で密度が低い状態で成長させると横枝が広がり、実はたくさんなりますが、下の方から大きな枝が出る樹形となり、通直な木材は得られません。また、樹齢50年、100年の木材を得るにはそれを若いときに伐らずに残して2世代、3世代後（いわゆるまごこの世代）が利用する、という未来を見越したプランが必須です。遺跡内という限られた土地の中

で個々人が勝手に「栽培管理」してもそういった長期的視点に立った資源利用はおぼつかないでしょう。ムラ全体としての資源管理と利用が図られていた、ということになります。

人がいなくなり、そしてクリが消えた

さて、そうしたクリが全盛を誇ったD期からE期（4,100yBP～）に入るとクリ花粉は急激に減少します。E期の初頭に90％も占めていたものが100年、200年という単位で急速に減少して20、10％となり、そしてクリ花粉がほとんどでなくなってしまいます。代わってトチノキ、ハンノキ属、ナラ類などが繁茂する「自然林」になっていったと考えられています。

クリの花粉の減少、消滅は三内丸山遺跡の衰退、消滅と期を一にしています。なぜ三内丸山遺跡が終わったのかはよくわかりません。気候の寒冷化、衛生状態の悪化、疫病など、様々なことがいわれますが、正直いってなぜだかわかりません。クリタマバチや病気の大発生などでクリがなくなったから縄文人が生活できなくなって遺跡がなくなった、ということではなさそうです。人がいなくなって、クリを植え、育てなくなったからクリが減った、と考えています。

第5章 海を渡ったクリ

1. クリの集団遺伝学的解析

クリの DNA 解析

　DNA とはすべての生物の遺伝情報を担っているあの DNA のことです。私たちになじみ深いクリの DNA を解析してどんなことがわかってきたでしょうか？　私の研究室でクリの集団遺伝学的解析を行って学位を取得した田中孝尚氏の研究（田中 2006）を中心に見ていくことにしましょう。

　田中氏の学位論文のタイトルは「SSR マーカーによるクリ（*Castanea crenata*）野生集団の遺伝的構造の解析」というものです。これは SSR マーカー、クリ、野生集団、遺伝的構造という4つのキーワードから成り立っていますが、クリ以外については少し説明が必要です。

　まず、「SSR マーカー」というほとんどの人には聞き慣れない言葉ですが、SSR とは Simple Sequence Repeat の略で、「単純反復配列」と訳されたりします。DNA はチミン（T）、アデニン（A）、シトシン（C）、グアニン（G）という4種類の塩基が連なっており、その配列の組み合わせで「遺伝情報」を担っているのですが、中には CACACACACA...のように2〜3種類の塩基が何回も繰り返している部分があり、こういったところをマイクロサテライトといいます。こういった部分は遺伝情報を担っていないのですが、細胞分裂のときの DNA 複製で、たとえば CA の9回の繰り返しであったものを10回の繰り返しというように間違って複製してしまうことがよく起きます。こういった「複製の間違い」（突然変異）は他の領域より頻度が高く起き、しかも遺伝情報を担っていないので間違いを修復したり、間違った配列を持った個体が淘汰さ

れることもないので、そのまま子孫に間違った配列が伝えられます。そういうことで同じ種類の生物は基本的には同じDNAを持っているのですが、こういった細かいところでは少しずつ違っていて、それによって親子関係などを追跡できたりするわけです。ここでは「クリ」という種類の中で違ったSSRを持つものを検出してお互いの関係を明らかにしようというわけです。

次のキーワードは「野生集団」。これはいわゆる「シバグリ」だけを相手にしようということです。現在店頭に出るクリの実はいわゆる「栽培クリ」で、これはシバグリを基本としながらも国内の栽培品種や外国産の種類などと交配や選抜を繰り返してできたものなので、その遺伝子は野生集団とは違っていることから除いてあります。

説明が難しいのが最後の「遺伝的構造」です。ここでは「集団の遺伝的構造」ということですから、集団（を構成する個体）が持つ遺伝子の組成（組み合わせ）、というような意味だと思っておいてください。

クリを集める

研究はまず、分析試料（サンプル）を集めることから始まりました。クリは、現在、北海道から九州までと朝鮮半島に分布していますので、私たちはそのほぼ全域をカバーできるように各地を訪れ、韓国の7カ所を含め、実に99カ所でサンプリングを行いました。集団解析には1集団30個体というのが統計的な目安になりますので林道などに沿って生えているクリをつぎつぎと枝を採ってその数を集めましたが、なかには30個体を集められなかったところもありました。枝先を切って1枚の葉を取り、シリカゲルを入れたチャック付ポリ袋に入れて乾燥させ、残りは証拠標本として押し葉にしました。こうして集めたサンプル数は全部で2679個体でした。実験室に持ち帰ってシリカゲルで乾燥した葉を粉砕し、DNAを抽出して解析するというのが彼の毎日でした。その解析結果が口絵32です。

クリは3つの「クラスター」

　図を見るとわかるようにクリの99の集団の遺伝子組成は大きく3つのクラスター（房状に集まった集団、というような意味）に分かれました。その分布は口絵33のとおりです。クラスターⅠは10集団からなり、道南のみにあります。クラスターⅢはこれと対照的に本州最西端、韓国、九州に19集団あります。のこり70集団がクラスターⅡで道南から本州、四国、それに韓国に1集団あります。クラスターⅡはさらに3つの亜集団（Ⅱa、Ⅱb、Ⅱc）に分けられました。田中氏はこの結果について様々な角度から検討し、次のような結論に達しました。

1) クリ野生集団は、3つのクラスターに大別される。
2) 最終氷期における2つのレフュージアの存在が示唆された。
　　想定されるレフュージアは Cluster Ⅰ と Cluster Ⅱ は紀伊水道周辺、Cluster Ⅲ は九州南部。
3) Cluster Ⅰでは、ボトルネック効果が働いていた。
　　北海道のクリは人為的に北東北から持ち込まれたと考えられる。

　1) はすでに紹介したことです。2) の「レフュージア」という言葉は第1章5項で登場しましたが、口絵7に見ますように約15,000年前以前は非常に寒冷な氷河期でした。温帯性のクリはこの寒冷な時期、どのように生き続けていたのかという疑問への一つの答えが、このレフュージアです。田中氏は、クリは氷河期以前の温暖な時期（最終間氷期あるいはそれ以前）にすでにクラスターⅢとⅡ（＋Ⅰ）に分かれていて、それがクラスターⅢは九州南部、クラスターⅡ（＋Ⅰ）は紀伊水道周辺と、別々の場所で寒冷な時期をやり過ごし、そして地球温暖化に伴って再度勢力を拡大して現在のような分布をするようになったのだと考えたわけです。クラスターⅢとⅡ（＋Ⅰ）がかなり遠い「親戚」であることが口絵32の樹形図からもわかります。

　これに対して「3) Cluster Ⅰでは、ボトルネック効果が働いていた」とはどういうことでしょうか？　つづけて「北海道のクリは人為的に北東北から持ち込まれたと考えられる」と述べています。これについて次節で詳しく見てみ

ましょう。

2. 海を渡ったクリ

北海道のクリ

　樹木の分布域というのは人間のスケールから考えるとかなり広いものですが、それでも西日本の人が東北に、あるいはその逆に旅すると森林の様子が全く違っていて、木の種類もずいぶんと入れ替わっていることに気づきます。クリの木は九州から北海道まであり、身近に生えていることもあってずいぶんと馴染みのある木で、それが当たり前のように思ってしまいますが、これはかなり「特異」なことなのです。青森市の三内丸山遺跡のあの6本柱建造物が直径1mもあるクリの木でできていたことは驚きをもって知られるようになったことですが、何が驚きかといえば、そんな太くて（まっすぐな部分が）長い（あの柱は少なくとも15mはあったと推定されています）クリの木なんか、今の全国を探しても容易に見つかるものではない、ということにあります。結局ロシアからの輸入材（種類はヨーロッパクリ Castanea sativa）で6本柱建造物は復元されたわけです。そのころ、いや北海道にはクリの大木がたくさんある、という情報がもたらされました。そこで、ことの真相を確かめるべく、研究室（東北大学植物園研究室）総出で北海道のクリの調査を2002年の8月に約2週間にわたって行いました。ちょうど自分らのふるさと小樽になぜクリの大木がたくさんあるのか疑問に思っていた地元の方々のお世話で調査が実現しました。

小樽市手宮公園のクリ

　小樽の運河がある町外れの北西に小樽市総合博物館があり、その裏山の標高80mほどの丘陵が桜の名所としても知られ、市民の憩いの緑地となっている手宮公園です。この公園内にはクリの巨木がたくさんあります（図5-1）。特別に許可を得て公園内にテントを張らせてもらい、さっそく巨木の調査を始

図5−1　小樽市手宮公園のクリ林

めました。幹の直径、樹高を計り（図5−2A）、枝を採取して葉1枚をDNA分析用にシリカゲル入りのチャック付ポリ袋に、残りは新聞紙に挟んで押し葉標本にします。また、枯れ木が伐られた「伐根」がいくつか残っていますので、大きさを計り年輪を数えました（図5−2B）。その結果、直径40cm以上が236本もあり、うち1mを超えるものが10本もありました。ただ、開けた公園の木なので枝が横に広がって幹の低いところから大きく枝分かれし、背は低く、いずれも20m以下でしたので、これらの木を三内丸山遺跡の6本柱建造物に使うのは無理のようです。そして伐根の年輪数に中心の空洞部の年数を推定して加えた結果、直径130cmの伐根の樹齢が150年ほどであることがわかりました。調査をしたのが2002年、この木が枯れたのがそれより数年前とするとこのクリ木が芽生えたのは1840年代くらいになります。時は天保～弘化年間、幕末といわれる時期の直前の頃のようです。江戸時代の終わり頃に芽生えたクリの木が今も手宮公園に生えているというわけですが、その由来はどうなので

　　　A：クリの木を測り、枝を採る。　　　　　B：伐根の年輪を数える。
図5-2　小樽市手宮公園でのクリ調査（2002年8月）

しょうか？
　小樽図書館が昭和25年（1950）に出した「手宮公園史」にこんな記述があります。

> 園内の自然林栗樹は樹齢九十年から百年、百五十年位の巨木であり、目通り一尺六寸から三尺以上の老樹がある。この栗樹地帯は積丹半島から余市、高島、小樽、朝里の各郡方面に密生した純然たる栗樹地帯であったが、暴伐山火事等の被害のため悉く消失し只園内のみ其被害を免れ残存している。

　そして、積丹半島の神威岬以北は和人の永住はもちろん女人の通行も禁止されていたものが、安政2年に函館奉行所の梨本彌五郎が妻子を伴ってここを通り宗谷に赴任したのをきっかけに禁制はなし崩しになって和人の移住が広まり、小樽方面の人口が増加したこと、江戸中期以降のニシン漁の隆盛に伴い大量の樹木が伐採され、「千古斧鉄を加えざる大自然林。殊に小樽余市方面は栗

A：磯谷郡蘭越町の農家の町の名木に指定されているクリ。　B：虻田郡豊浦町の個人宅にある北海道一のクリ巨木。幹直径が183cm ある。

図5 - 3　道南のクリの巨木

樹の森林地帯」であったものが年々暴伐されほとんど禿げ山となった、とあります（小樽図書館 1950）。つまり現在の手宮公園にあるクリ林はそういった大自然林栗樹のほんのわずかな「生き残り」というわけです。実際小樽市内外の山林を調べてみると直径1 m、樹高30m を超える幹のまっすぐなクリの木がぽつりぽつりと見つかることから、かつては大クリ林地帯であったことは充分に推察できます。

　調査は手宮公園から始まって西に、南へと拡がりました。蘭越町では町の名木のクリのある農家を訪問しました。ちょうどトマトの収穫期でもぎたてのトマトをごちそうになりながら昔の様子を聞き取り、今も残る巨木を調べさせてもらいました。やはりこの農家でも農地の拡大に伴いクリ林をずいぶんと伐り払ったとのことです。名木（図5 - 3 A）は幹回り4.27m（直径換算で1.36m）、樹高20m の立派なもので、敷地の山林にはそれほどではないけれど

図5-4　茅部郡森町の青葉ヶ丘公園のクリ林　小樽市の手宮公園のクリの状況とよく似ている。

大きなクリの木が未だ多数残されていました。さらに南、豊浦町の個人宅の敷地には北海道一の巨木（図5-3B）がありました。幹周5.72m（直径換算で1.82m）、樹高は13mほどで、大きな枝が1本枯れていました。日本一の山形県西川町大井沢のクリの幹周8.5mには及びませんが全国レベルで見ても巨木の部類に入ることは間違いありません。調査はさらに南に下って森町に至りました。ここの青葉ヶ丘公園はちょうど手宮公園と同じようにクリ林が公園となっているのです（図5-4）。直径40cm以上が91本、うち27本が1mを超えていました。園内の天然記念物の解説板には次のようにありました。

> 幕末頃の森町海岸丘地は延長二十キロ一帯の栗の密林であったが明治五年森港桟橋の脚材に大量の伐採があり、その後も鉄道枕木等に利用が続いてほとんど絶滅し、公園地帯の栗のみは馬つなぎ場のため伐木を免れて残存した。（森町教育委員会）

調査はさらに南に下がって松前町、函館市、椴法華村などでもクリを求めて雨の中を歩き回り、結局函館山に至りました。そうした結果、小樽市以南西の渡島半島各地で8日間に出会ったクリの木は660本、直径40cm以上が436本、1m以上が50本にもなりました。

なぜ「巨木」を求めるのか？

　なぜ私たちが大きいクリの木を求めて旅をしたのか、その理由は北海道の歴史にあります。手宮公園史でも青葉ヶ丘公園の解説板でも「元々は一帯がクリ林であった」のが幕末から明治にほとんどが伐られてしまい、これらがそのほんのわずかな生き残りである、といっています。一方、明治になって北海道には本土の様々な地域からたくさんの人たちが「集団移住」してきました。彼らは生まれ育った地域の生活文化と共に営農技術、農工具、そして作物のタネや苗を持って入植し、大変な労苦をもって開拓を行い、今日に至りました。彼らは「ふるさと」から様々な物を持ってきましたが、その中にクリの種（あるいは苗）もあったでしょう。それらを新しい土地に植え育て、また現地の野生のクリと掛け合わせしたりして寒さに負けないように改良を加えるなどしてきたと思われます。そうした意味で現在の北海道にあるクリは明治以前からの「在地」の野生栗（シバグリ、ヤマグリ）と明治以降に持ち込まれたクリ（栽培系統）、そしてそれらが遺伝的に混ざったもの、この3種類が混在しているといえます。北海道に「元からあったクリ」の遺伝子を調べるためには可能なら樹齢が150年以上、少なくとも100年以上のものだけに絞って調べるのが一番明確になります。しかし現在の技術では樹齢を知るには切り倒して年輪を数えるか、成長錘という錐で幹に孔を開けて年輪を数えるしかありません。天然記念物・保護樹などとして保護されている木でそのようなことをするわけにはいきませんので、大きさを目安として「巨木」を探し求めたというわけです。もっとも成長のよい木と悪い木では同じ樹齢でも幹の太さに何倍もの違いが出るので、太いからといって必ずしも「老樹」ではありません。それでも非常に多くの「大木」のサンプルが得られたことから、その中には老樹が少なからず含ま

れていると考えられ、明治以前からある北海道のクリの概要はわかるだろうと考えました。

クラスターⅠの謎

こうして集めた北海道のクリのDNAの解析結果は驚くべきものでした。なんと手宮公園から函館山までにサンプリングした12集団のうちの10集団のみでクラスターⅠを構成したのです。このクラスターⅠというのはどういうDNAを持っているのでしょうか？

DNAの同じ場所に違った配列のものがある場合、それらを互いに対立する遺伝子、という意味で「対立遺伝子」と呼びます。この対立遺伝子の数と種類がクラスター間で違います（口絵34）。

1）クラスターⅠには43個、クラスターⅡには95個、クラスターⅢには91個の対立遺伝子があった。
2）このうち3つのクラスターに共通するのは40個だった。
3）クラスターⅠとⅡにのみ共通するのは0個、クラスターⅠとⅢにのみ共通するのは1個だった。
4）クラスターⅡとⅢにのみ共通するのは42個あった。
5）各クラスターに特異な対立遺伝子はⅠが2個、Ⅱが13個、Ⅲが8個だった。

中学校の数学の集合の問題のようですが、この結果は何を意味しているのでしょうか？　一番顕著なのはクラスターⅠの対立遺伝子数が非常に少ない（全部で43個で他の半分以下）ことと、そのほとんど（40個）がクラスターⅡ、Ⅲと共通なことです。すなわちクラスターⅠの「独自性」はほとんどないといえます。その一方、対立遺伝子数が非常に少ないということは同時にクラスターⅡとⅢが持っている多様性のほんの一部しかクラスターⅠは持っていないということになります。

ある植物がそれまでその植物が生えていなかったところに侵入、あるいは持ち込まれる場合、その個体数は限られた数ですから元の集団が持っていたすべ

ての遺伝子がそのまま持ち込まれるということは考えられません。新天地では持ち込まれた、あるいは自力で侵入に成功した少数の個体が持っていた遺伝子のみが増えることになります。その結果、いくら個体数が増えても遺伝子の種類（多様性）自体は増えることはないので、新たに拡がった集団の遺伝子は非常に単純な組成であるということになります。これがボトルネック（瓶首）効果なのです。

クラスターⅠのクリはどこからやってきたのか？

このように道南地方のクラスターⅠのクリはクラスターⅡあるいはⅢの集団に由来することが考えられたわけですが、それではいったいどこの集団に由来したのでしょうか？　田中氏はその検証を「アサイメントテスト assignment test」（当該の集団を構成する個体がその集団以外のどの集団の個体に由来する確率が高いかを検証するテスト）という方法で行いました。その結果、クラスターⅠのクリは、大きくいえば北東北、もう少しいえば（いい過ぎかも？）岩手県の一関などを含む北東北太平洋側の集団に由来する確率が最も高い、という結果を得たのです。つまり、道南のクリは北東北の太平洋側の地域から海を渡ってきた、ということになります。

3．円筒土器文化圏とクリ

円筒土器とは？

私は全くの考古学の門外漢で、「円筒土器とは？」という項目を立てたところで説明できる力量はありません。ただ、縄文時代前期～中期の北東北・道南地方に「円筒土器」をもった文化が栄えたことくらいはなんとか知っています（口絵35）。代表的な遺跡が三内丸山遺跡ですが、この時期、道南から北東北一帯に円筒式土器を作り、使う文化が大いに栄えたことが各地に大きな遺跡がたくさん存在することからうかがえます。同じ土器型式を持つということは同じ文化圏の中で「交流」が頻繁にあった証拠でしょう。北東北と道南の間には津

図5−5　函館市臼尻小学校遺跡から出土した縄文時代中期の炭化したクリの実（子葉）（吉川純子氏提供）

軽海峡という障壁がありますが、同じ土器型式のみならず様々な遺物に見られる共通性はこれをものともせず縄文人が行き来していたことを示しています。そうした中で北海道には自生していなかった「クリ」が道南に持ち込まれたのでしょう。もちろん優秀な食糧および木材を生産する有用な樹木としてです。

円筒土器文化圏のクリ

　それではクリが北海道に渡ったのはいつ頃のことなのでしょう。長年北海道の植生史を研究してこられた山田悟郎氏は、元々は北海道にクリは自生していなかったとし、クリの実が津軽海峡に面した木古内町や南茅部町（現函館市）の遺跡から出土するようになるのは縄文時代前期末（約5,000年前）で、その後縄文時代中期には多くの遺跡から出土するようになり、現在の分布北限地となっている石狩低地から出土するようになるのは縄文時代後期中頃（3,500年前頃）だと指摘しています（口絵36、山田 2015、山田・柴内 1997）。このクリが広まった地域というのはまさに「円筒土器文化圏」の範囲に当たります。この文化が栄えた縄文時代前期末葉〜中期にかけて北東北の遺跡（群）から道南の地に様々な文物と共にクリが持ち込まれ、それが縄文人の管理の下にすくすくと育って食糧および建築材として使われたことが考えられます。図5−5は南茅部町（現函館市）の臼尻小学校遺跡から出土した縄文時代中期の炭化したクリの実（子葉＝食べる部分）です。実の大きさは今のシバグリとほとんど変わらないくらい小さいですが、食糧として大きな働きがあったことでしょう。そうしてクリは縄文人によってさらに北へ、東へと運ばれていき、それぞれの地で植えられ、利用されていたのが、3,000年の時を経て道南地方に野生状態として大森林を作るようになった

と考えられます。

アイヌの伝承のクリ

　クリが北海道でどのように広まったのか、面白い伝承が知里真志保氏の「分類アイヌ語辞典」(1953)に紹介されています。アイヌの伝承に疎い著者なので間違った解釈もあるかと思いますが、大略が伝わればということで次にかいつまんで紹介しましょう。

　　胆振の幌別（現登別市）に伝えられていた神謡で、夫であるポロシリ岳の神が浮気をしたのに怒った妻が、世界の果ての鳥のいない国木原のない国に行って住むつもりで出かけたが、途中で妊娠していることに気づき、腹は立つがまさかえらい神の子をそんな最果ての地で育てるわけにはいかないと考え、隣の和人の国の背後の山中に粗末な家を建てて住むことにした。この山にはそこいら中にクリの木があって子どもをほとんどクリばかり食べさせて育てた。子が成人すると母は家にあったクリの実の俵1俵を与えて、まず祖母のいるアヨロの村に行き、半分をそこに置き、残り半分はポロシリの村に持っていってそこの山に蒔きなさい、私はここで果てるつもりだ、と言い聞かせ……

　ここに出てくる「隣の和人の国」を本州（の北端？）と解し、北海道にクリが渡ってきたときを示しているのだとするのが一般的なようですが、縄文時代の後期にはすでに石狩低地までクリが拡がっていたこと、縄文時代後期の人びとと12〜13世紀の成立といわれるアイヌ文化を担った人びととの間の4,000年にもなる長い時間の隔たり、幕末には道南の各所に広大なクリ林があったことなどを考えると、アイヌのこの神謡が形作られた頃には道南地域にはすでにクリ林が拡がっていて、この「和人の国」というのは道南のどこかにあったのではないかと考えたくなります。とにかく、この話から山にはクリがいっぱいあって、アイヌの人たちにとって食糧として大事な資源であったこと、アイヌの人たちが積極的にクリを増やしていたことなどが伝わってきます。

　こうして道南では円筒土器文化を担った縄文人が北東北からクリを持ち込

み、縄文人は積極的にクリを植え育て、それはそれ以後の文化を担った人びとに継承された結果、この地にはクリの大自然林が拡がっていたのでしょう。しかし、幕末、明治になって「和人」による開拓・「暴伐」により、そのほとんどが消滅して今日に至ったということが明らかとなりました。

第6章　クリは日本人と共に

1．弥生時代のクリ

弥生時代にクリは？

　縄文時代前期～中期の遺跡である三内丸山遺跡では出土した木柱すべてがクリ材であったものが、縄文時代晩期になると遺跡によってはクリが優占するものの、その比率が下がり、他の樹種の木材も比較的多く使われるようになります。新潟県青田遺跡では239本の木柱のうちクリは87本（36％）のみで、あとはナラ類が63本、クヌギ類が61本、ヤマグワが19本、トネリコ属が5本、アカマツが4本と、クリへの一極集中が薄れ、雑木林の構成種であるナラ、クヌギといった木材が多く使われ、また、手近にあったと思われるトネリコ属（ヤチダモ？）とアカマツの木材も使われるなど、多様化していることが明らかとなっています（表4－4）（鈴木他 2005）。これは青田遺跡に比較的近い胎内市の野地遺跡でも同様で、データ量は少ないですが縄文時代後期の木柱8本はすべてクリなのに対し、晩期の木柱23本のうちクリは16本（約7割）で、ほかにマツ、ヤナギ、ヤマグワ、ミズキ、ウルシといった木材も使われていました（鈴木 2009）。

　こうした「クリは優占するがクリ一辺倒ではない」傾向は弥生時代も続きます。弥生時代という名前は東京都文京区の弥生町の遺跡名に由来しますが、この時代を特徴づけるのは水田稲作と弥生土器と金属器というのが一般的な認識でしょう。「野生採取」が生業の中心であった縄文時代から農耕の弥生時代への転換です。私の脳裏に今も鮮明に残っている場面があります。小学校の社会科の授業での紙芝居です。未開で貧しくその日の暮らしにもこと欠いていた縄

文人のムラに稲作が伝えられ、みんなで開墾して田を作り、イネを育て、やがて収穫し、生活も安定し、喜びに溢れるムラビトを明るく太陽が照らしている、というストーリーでした。いまでもそれを語ったときの先生の顔が目に浮かびます。最近の研究からは「晩期の縄文人は決して食い詰めてはいなかった」（岡村 2007）といわれ、この話は大幅な修正が必要のようです。水田稲作（とそれに付随する文化要素）を縄文人たちが受け入れて弥生時代となってからはやはり稲作の比重がどんどん増していったのは事実ですが、それでも縄文的要素は長らく引き継がれていたといいます（岡村 2002）。

弥生時代の始まりは、やはり私が学生の頃に習った歴史と今いわれているのとはずいぶん違います。かつては大まかには西暦０年を挟んで前後300年といわれていたのですが、今は弥生時代の始まりは紀元前10世紀、というのが受け入れられつつあります（国立歴史民俗博物館 2007）。もちろんなにを以て弥生時代とするのかは議論があるところですが、国立歴史民俗博物館では水田稲作の開始を弥生時代の開始としたようです。

水田稲作とクリ

弥生時代は大陸からもたらされた青銅器と鉄器の存在でも特徴づけられますが、弥生時代に使われた金属の量は限定的で、人びとが実際に木を伐ったり、加工したりする道具である斧の刃は石のままでした。伐採具としては太型蛤刃石斧と呼ばれ、伐採実験に使った滋賀里型の直柄石斧（図２−５）をさらに頑丈に大きくした木製の柄（図６−１）に、「太型蛤刃」と呼ばれる、ぶっとい磨製石斧がはまります。この斧の柄はクヌギ類（クヌギ節）製です。「節」とは生物の分類単位で、この場合、ブナ科コナラ属コナラ亜属の中のクヌギ節、という意味です。日本産樹木ではクヌギとアベマキがクヌギ節に属しますが、アベマキは東北地方には全く生育していませんのでこの樹種はクヌギだろうと考えられています。

東北地方は縄文時代にはある意味では「文化の中心地」だったのですが、弥生時代には逆に「辺境」に当たります。今から3,000年近く前に北九州で始

まった水田稲作が仙台平野で盛んになるのは弥生時代中期（およそ2,300〜2,000年前）で、その半ば頃には富沢遺跡、中在家南遺跡、高田B遺跡など仙台平野の広い範囲で水田跡が見つかっています。そして弥生時代の水田稲作の特徴に鋤、鍬などの農耕具（の刃）が木製だったことが挙げられます。何の木でできているかといいますと、北九州から関東地方南部までの、いってみれば「弥生時代の先進地域」ではほとんどがコナラ属アカガシ亜属、いわゆるカシ類です（鈴木 2002・2012）。カシの大木を柾目に割って（ミカン割りといいます）、削って板にして鋤、鍬を作ります。木目方向に刃先がありますので縦木取りです。最近の研究からこれらのカシ類の大部分はイチイガシという樹種であることがわかっています（能城他 2012）。イチイガシは関東地方南部以西に自生するといわれていますが、関東、東海地方などでの生育地（社叢林などであることが多い）の状態を見ると、元々はもっと南西、西日本のものではなかったかと思います。弥生時

図6-1 中在家南遺跡から出土した石斧柄（直柄）（仙台市教育委員会提供）

代に農具に用いる木材として水田農耕を東日本にもたらした人たちが苗木あるいはドングリを持ってきて植えたものではないかと私は密かに考えています。

さて、弥生時代の農具に使われる木の種類が関東地方、北陸地方を移行地帯としてそれより東、あるいは北ではがらりと入れ替わることはすでに指摘したところです（鈴木 2002）。何に入れ替わるかというとこれがクヌギ類なのです。関東南部の遺跡まで100％近くがカシ類の鋤鍬だったのが、東北中部の仙台平野では大部分がクヌギになります（表6-1）。器形や作り方などは基本的には西日本と同じといってよいでしょう。そして先に登場した太型蛤刃の石斧柄もカシ類からクヌギ類に代わります。ただこの方はクヌギ一辺倒というほどではなく、コナラ類も比較的多く使われ、その他の木材も若干あります。こ

表6-1 仙台平野の弥生時代～古墳時代の木製農具の樹種

	鍬	鋤	泥除	馬鍬	合計
コナラ属クヌギ節	132	7			139
クリ	5		40		45
ミズキ	7		1		8
カヤ				4	4
アサダ		2			2
コナラ属コナラ節	2				2
ニレ属	2				2
エノキ属	1				1
キハダ			1		1
ケンポナシ属	1				1
トチノキ			1		1
モミ属			1		1
ヤマグワ		1			1
ヤマザクラ	1				1
合計	151	10	44	4	209

図6-2 弥生の鍬の復元製作品 右は3つ又鍬、左が泥よけが着いた広鍬（島根県古代出雲歴史博物館提供）。

のカシからクヌギへの変換は植生の違い、つまり照葉樹林帯から落葉樹林帯への移行に伴うものとして理解されるでしょう。稲作先進地ではカシの木で作っていたものが、それが生えていない東〜東北日本では材質が似ていて縄文時代から馴染みのあったクヌギで代用したというわけです。

こうして東北に広まった水田稲作ですが、仙台平野では他の地域には見られないことが起きます。出土する木製鍬には「泥よけ」と呼ばれる板が付随していることがあります（図6-2）。西日本から出土する泥よけは鍬本体と同じくカシの木でできているのですが、仙台平野ではカシでもクヌギでもなく、何とクリの木でできているのです。今まで私が樹種を調べた仙台平野の弥生時代〜古墳時代の泥よけ44点のうち40点がクリで、あとはキハダ、トチノキ、ミズキ、モミが1点ずつでした（表6-1）。そしてクリの泥よけはみんな木目が横方向の「横木取り」でしかも「板目」です。クリがこんなところで活躍していたというのも驚きですが、しかしなぜクリでなければいけないのか、それも板目材を横木で使わなければいけなかった理由は謎です。このように弥生時代においてもクリ材の利用は泥よけに限らず様々な木器にも使われていましたが、その量は縄文時代から比べればずいぶん少なくなっています。

弥生時代の住居とクリ

縄文時代の住居や様々な建物、構築物がクリでできていたことは詳しく紹介しましたが、弥生時代ではどうだったのでしょうか。群馬県富岡市の中高瀬観音山遺跡は北関東の典型的な高地性集落で、小高い丘のてっぺんに環濠と木柵をめぐらせ、100以上の住居・建物が検出されています。遺跡の時期は弥生時代後期で、焼失した住居が多くあります（図6-3）。表6-2はこうした弥生時代の焼失住居の炭化材の樹種を集計したものです。弥生時代の炭化材全132点中95点とクリが7割を占めるものの、ヤマザクラを始め様々な樹種が出現します。なお、この中の「ススキ」と「竹笹類」は屋根葺き材と考えられます。こういった用材は「卑弥呼の国」とも目されることのある佐賀市の吉野ヶ里遺跡でも同様です（図6-4）。吉野ヶ里遺跡の建築材はわずか57点しか調

表6-2 群馬県富岡市中高瀬観音山遺跡の焼失住居の炭化材の樹種（鈴木 1995）

	出土遺構（住居址番号）											合計
	弥生後期								古墳中期			
	47	63	75	88	93	209	213	218	計	135	205	計	
クリ	24	19	37	1		2	1	8	92				92
ヤマザクラ			9						9				9
カヤ	1		1	2					4				4
ススキ	1		1		2				4				4
ケンポナシ属		2	2						4				4
コナラ節					3				3		1	1	4
ケヤキ		2				1			3				3
アカガシ亜属			1		2				3				3
モモ				1		2			3				3
トネリコ属			2						2				2
キハダ					2				2				2
ヤマウルシ								1	1				1
竹笹類	1								1				1
ニレ属		1							1				1
クヌギ節										28	19	47	47
カエデ属										1		1	1
散孔材一種										1		1	1
合計	27	24	53	4	9	4	1	10	132	30	20	50	182

べられていませんが、やはり一番多いのはクリで約3割、その他、実に様々な樹種があります（表6-3、Noshiro et al. 1999）。縄文時代に較べ使われる比率は低くなっているものの土木建築材としてはクリが使われ続けたことがわかります。

一方、食糧としてのクリはどうだったのでしょうか？ 遺跡出土種実研究の第一人者である吉川純子氏によると、クリの果皮や炭化種子（子葉）が出土した弥生時代の遺跡は九州から東海、北陸にかけてのわずか10数遺跡のようで、また一つの遺跡からの出土量も縄文遺跡に比べると非常に少ないようです（私信）。剥かれた果皮が出土しても縄文時代のように大きく剥かれていなくて、細片で出土することが多く、元の大きさを推定するのが困難とのことです。わずかに計測された実の大きさは縄文時代晩期の大きさに比べてかなり小さいようです（南木 1994）。こうしてみると弥生時代には木材は主要建築材として使

第6章　クリは日本人と共に　129

図6-3　中高瀬観音山の第75号焼失住居址（群馬県教育委員会提供）

図6-4　佐賀県吉野ヶ里遺跡の復元された高楼（能城修一氏提供）

表6-3　佐賀県吉野ヶ里遺跡から出土した木材の主な樹種(Noshiro et al. 1999より作成)

樹　種　名	弥生時代			奈良時代		
	建築材	それ以外	計	建築材	それ以外	計
カヤ				1	8	9
マキ属		10	10		1	1
モミ属	1	2	3	92	65	157
マツ属	2	3	5		1	1
スギ	1		1	9	8	17
ヒノキ				3	4	7
アスナロ				1		1
クリ	18	17	35	24	8	32
ツブラジイ	8	15	23	20	5	25
コナラ属アカガシ亜属	3	28	31		4	4
シキミ		22	22			
ムクノキ	1	19	20			
スダジイ	4	3	7	9	2	11
タブノキ属	3	2	5	2	9	11
イスノキ	1	10	11		3	3
ツバキ属	1	7	8		4	4
クスノキ	3	3	6	2	3	5
シャシャンボ		4	4		6	6
カキノキ属	1	8	9		1	1
10点未満34種合計	10	82	92	3	19	22
総　　　計	57	235	292	165	152	317

われている一方、食糧としての利用は縄文時代以来引きつづいているけれど、その重要性は遥かに低いものとなっていた、といえるでしょう。縄文時代に主要な食糧であったクリが弥生時代にはさほど重要でない副食になってしまった、ということのようです。

 2．鉄器時代のクリ

 石斧から鉄斧への変換
　弥生時代の後半以後、古墳時代、古代と時代が下るにつれ鉄が普及していきました。最初は輸入鉄を鋳直して使っていたものが、西日本、特に中国地方で製鉄が盛んになり、やがて全国に普及しました。当初は稀少な鉄はやはり武具

(刀剣、鏃)に用いられ、日々の生活のための伐採具や様々な道具への利用は国内生産が行われるようになってからのことではないでしょうか。やがて石斧に代わって鉄斧が登場します(図6-5)。第4章で川渡農場での伐採実験を紹介しましたが、実はこのとき、復元鉄斧での伐採も試験的に行っています。切れ味はやはり石斧とは全く違います。石斧では木に打ち付けて「削り取る」という感じでしたが、鉄斧はまさに「切断する」という感じでした(図6-6)。クリももちろん素早く、楽に伐れ、木が粘り強く堅い様々な広葉樹はもちろん、打撃を加えると割れが入りやすい針葉樹も容易に伐れることがわかりました。

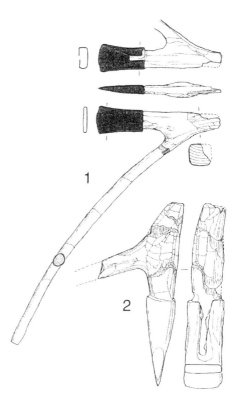

図6-5　古代の出土鉄斧(奈良国立文化財研究所　1985)

針葉樹三国時代

　鉄の伐採・加工具の普及はそれまで限られた地域でしか利用されてこなかった、スギ、ヒノキなどの針葉樹の利用を促進したようです。弥生時代の終わり頃から古墳時代には西日本でコウヤマキ、ヒノキといった針葉樹がよく使われるようになりました。そして古代に入ると大陸の社会システムの導入と仏教伝来により、王都が造営されるようになり、これまでの「住居」サイズを遙かに超える大きな建物が建てられ、また寺院が創建されるようになり、これらの木造建築には通直な材が得られるヒノキ、コウヤマキが大量に使われました。弥

左：復元鉄斧での伐採（宮城県川渡農場）
下：復元鉄斧の切れ味

図6-6　**復元鉄斧での伐採**　切れ味鋭く、堅い広葉樹も石斧より遥かに楽に切れる。

生時代まであまり利用されることがなかったので天然の針葉樹が豊富にあったのですが、藤原京、平城京、難波京、長岡京、平安京と、度重なる遷都にあたっては新しい都を作るために天然林を次々と伐採しました。そうするうちにさすがに資源が枯渇してきて、古い建物を解体して新しい都に運んで再利用する、ということもずいぶん行われたようです。

　こうした畿内の動きと連動して、奈良時代には律令制のもとで全国に国府が置かれ、政庁が造営され、国分寺、国分尼寺などが建立されました（口絵38）。これら、いままでその地方には全く見ることがなかった巨大な建築物はやはり「みやこ」に倣って針葉樹で建てようとしたのですが、地方によってはヒノキはなく、代わりにスギの多いところ、モミのあるところと様々です。古墳時代～古代の遺跡から出土した木材の樹種を調べていくと、地域によって主に使われている針葉樹の樹種が異なることが明らかとなり、中心となる樹種でヒノキ圏、スギ圏、モミ圏などとして、古代の木材利用を「針葉樹三国時代」と表現しました（図6-7、鈴木2002）。表6-3には吉野ヶ里遺跡の奈良時代の建築材の集計結果も示してありますが、モミが6割近くを占め、北部九州がモミ圏であったことがわかります。ヒノキ、スギ、モミがいわば「御三家」ですが、それにローカルなバリエーションとして青森のヒバ圏、信州のサワラ圏というのも加えると五国になります。五国相克、といったところでしょうか。東北北部、北海道、それに南九州などはデータがなくわかっていません。鉄器の普及と大陸のシステムの導入により古代の日本列島では全国各地に豊富にある天然林の針葉樹を利用した木の文化が栄えたといえます。

　それでは針葉樹三国時代となってクリは全く使われなくなったのかというとそうではありません。クリ材の特性に「水湿に強い」というのがあり、土木用材、橋の橋脚などにはそれこそ縄文時代から現在に至るまでずっと使われ続けてきています。モミ圏に属するみちのくの国府である郡山遺跡と多賀城跡では木柵、掘立柱建物の柱根などにクリが使われていたことがわかっています。主役ではないものの「適材適所」ということだったのでしょう。

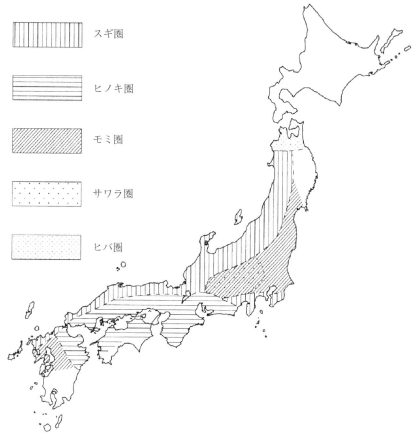

図6-7　針葉樹三国時代（鈴木 2002）

庶民の暮らしとクリ

　このように都や各地の国府などでは針葉樹でできた豪壮な建物がそびえていた古代ですが、一般の人たちは都市部では掘立柱の簡素な建物に、そして農村部では縄文、弥生時代から引き続き基本的には「竪穴住居」に住いしていたようです（口絵38）。縄文、弥生時代の竪穴住居はクリを主体に作られていましたが、古墳時代になるとクリがあまり使われなくなります。群馬県の中高瀬観音山遺跡には古墳時代の焼失住居跡もあり、その炭化材は50点中47点、実に9

割以上がクヌギ類でした（表6－2）。同じく群馬県の勝保沢中ノ山遺跡の古墳時代の焼失住居跡3棟から出土した炭化材は68点のうち56点（8割）がナラ類で、クリは1点もありませんでした（鈴木・能城 1988）。調べることができた炭化材資料は断片的でここで一つ一つ挙げることはできませんが、古墳時代〜中世の「民家」の建築材は広葉樹がほとんどで針葉樹はあまり使われず、また、クリは少しはあるものの、決して主要な用材ではなかったようです。

食糧としてのクリ

弥生時代に「副食」の地位に留まることになったクリの実ですが、その後も基本的には現代まで「副食」の地位に甘んじてきたといえます。しかし、副食とはいえ、かなり「重要」な副食、といえるのではないでしょうか。小林章氏は『果物と日本人』（1986年）という本の中で次のように述べています。

> 「古事記」「日本書紀」および「万葉集」にもクリの名が現れ、奈良朝および平安時代には、クリはシイの実とともに盛んに利用され、農山村では五穀と同じに常食にした地方もあった。「延喜式」および「和名類聚抄」には、栗子、平栗子（扁栗子）、搗栗子、甘栗子、削栗子などの名があげられており、生果のままだけでなく、加工品として搗栗子が多量に諸国から貢進された。

律令の制度下、貢納品、すなわち税としてクリの加工品が諸国から都に納められたということはクリの実は主食ではないものの副食品、嗜好品として十分な価値を持っていたということでしょう。これはみんな野生のクリ、いわゆるシバグリだったのでしょうか？

『日本書紀』30巻持統天皇7年（西暦693年）の3月に「17日に詔があり、国中に桑・紵（からむし）・梨・栗・蕪菁（あおな）などの草木を奨励して植えさせた。五穀を助けとするためである」（小島他 1998）とあり、野生のクリを拾うだけではなく、積極的な植栽、栽培が行われていたようです。小林氏は前掲の書で「従って、当時すでに柴栗以上の大粒品が存在していたものといわれ、丹波（京都）および但馬（兵庫県）はその頃からくりの名産地として知られていた」とまで述べてい

ます。いずれにしても7世紀末にはクリを植えることが行われていて、それは縄文時代以降この時代まで目につくほどではないけれど継続して行われていていたのか、あるいは弥生時代以降、中断していたものが再び行われるようになったのかは定かではありません。

　時代はこれよりだいぶ後になりますが、岩手県一関市に国の重要文化的景観に指定されている骨寺村荘園遺跡（ほねでらむら）というのがあります。12世紀から15世紀までの間、平泉の中尊寺経倉別当の所領だったところで、藤原清衡（きよひら）の時代に始まったとのことです。この荘園の開発、生産などがどのようであったかを調べるための花粉分析が行われており、それから次のようなことがわかってきました（図6－8、一関市博物館 2013）。この分析地点では西暦915年の十和田火山の噴火とされるTo-a（十和田a火山灰）の下でもクリの花粉が数パーセントのレベルでコンスタントに出てきますので、その土層堆積時にはある程度のクリが分析地点付近にあったと考えられますが、これらの放射性炭素年代測定値が縄文時代を示していることから、十和田a火山灰の堆積時の土層はどうも侵蝕や攪乱にあっているようです。注目すべきはTo-aの上の9番の試料から7番の試料でクリの花粉が50％を超えるほどに非常に多いことです。これはすでに紹介した吉川昌伸氏の研究結果（第4章6節）では周囲に大量のクリ林があったことを示します。そしてこれを「クリのまとまった栽培が始まって、干栗が公事物となったのである。山間に自生するクリを拾い集めて貢納したのではなかった」（神谷 2013）としています。つまり、貢納品のクリは野生のクリではなく栽培したものだったということのようです。

3．ふるさとのクリ

焼畑とクリ

　クリはこうして歴史時代となってからも五穀に次ぐ日常食の一つに数え上げられ、野生のシバグリと栽培したクリとの両方を利用して今日まできました。クリと私たちとの関わり方が決定的に変化したのは昭和30年代からの「高度経

第6章 クリは日本人と共に 137

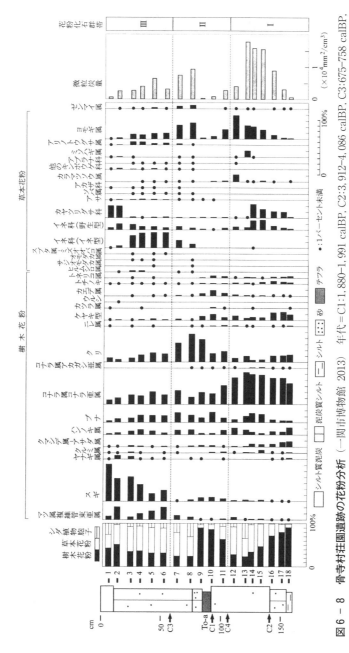

図6-8 骨寺村荘園遺跡の花粉分析 （一関市博物館 2013）
年代＝C1:1,880-1,991 calBP, C2:3,912-4,086 calBP, C3:675-758 calBP, C4:2,795-2,951 calBP, To-a:十和田 a, 915 AD.

済成長期」です。それまでの日本の農村には、古代、中世、近世（江戸時代）、そして明治、大正、昭和の近代まで連綿と繋がる農村生態系の中にクリもヒトもあったといえます。平野部の水田耕作が農事のほとんどを占める地域ではクリは屋敷や畑まわりに植えられ、実は嗜好品、お菓子、という扱いだったのですが、水田耕作がほとんどできない山間地においては重要な食糧の一つでした。

　静岡県の北辺、長野県飯田市と境する浜松市天竜区水窪町（みさくぼ）は1,000mを超す山々の急斜面にへばりつくように村々があります。この地域の山村の生活と民俗を記録した野本寛一氏の著作『自然と共に生きる作法』（野本 2012）は、かいつまんで紹介すると次のような内容です。水窪ではわずかな常畑での生産物だけでは生活は成り立たなく、家からの距離に応じて「ヤマ」を使い分け、様々な生産物を得ていたとのことです（図6-9）。こうした中のひとつに「栗山」があり、クリの栽培も生活環の中に組み込まれていることがわかります。また、焼畑では1年次にヒエ、2年次にアワ、3年次にアズキを栽培し、4年次にクリとハンノキの苗を植えクリ林にすることもあったといいます。クリはもちろん実だけではなく木材も大いに利用されていて、橋梁などの土木材、家屋の建築材はもちろん、屋根葺き材としても用いられたほか、この地域の特殊なものとして急斜面の畑の土砂の流失を防ぐため、クリ材を横に並べ（寄せ木）、それをクリの杭で止めるということが広く行われていました。こうしたクリ材は焼畑の跡に植えたものを15年ほどで伐って使い、跡地をまた焼畑にする、という循環が計られていたそうです。

クリは主食糧にならない？

　この本では縄文時代にはクリ塚が築かれ、炭化したクリの実がたくさん出てきて、たくさんの木材が使われ、花粉分析でも非常に高率のクリ花粉が検出される、ということなどから、（東日本の）縄文時代はクリの文化だ、というような話をしてきました。しかし、まてよ、本当にクリは縄文人の主食糧だったのか？　と疑問を起こさせる本に出会いました。畠山剛氏の書いた『縄文人の末裔たち』（1989）という本です。

第 6 章 クリは日本人と共に 139

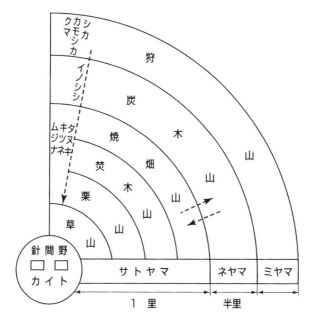

図 6-9 水窪町針野間の生活空間概念図（野本 2012） 家まわりの常畑を「カイト」といい、そこから同心円的に「サトヤマ」、「ネヤマ」、「ミヤマ」が拡がり、それぞれ違った使われ方をする。

　地元出身の中学校教師であった畠山氏は岩手県下閉伊郡岩泉町を中心とした北上山地の山間地域で、昭和30年（1955）代以前の山村生活について古老に聞き取り調査を重ね、山間部の人たちにとって「木の実」が飢饉時の救荒食としてばかりでなく、普段の主食糧であったこと、木の実をどのように採取し、処理して食事に供していたのかなどについて詳しく報告しています。「木の実」としてあげられているのはクルミ・クリ・コナラ・ミズナラ・トチノキなのですが、話の大半はシダミ（ミズナラ、コナラのドングリ）とトチノキで、クリをどう採取し、どうやって食べて、食糧としてどのくらい重要であったか、等については全く記述がありません。つまり、氏が聞き取った範囲ではクリは「主食糧」ではなかった、ということで、その理由について「クルミは脂質が多すぎ、クリは甘みが強いためにヒエ・オオムギに代わる主食糧にはなれず

…」としています。そして主食糧となったのはあく抜きに多大な時間と手間がかかり、そしてほとんどの人が決してうまいとはいわないシダミとトチノキ(シダミよりトチノキの方がうまかったようです)であることが詳細に述べられています。そして「北上山地縄文人」の食生活は「主食は冬がトチ、春から秋までは乾燥貯蔵されたコナラ・ミズナラの堅果であった」とし、クリは全く登場しません。縄文人はクリと出会ったそのときから、そのおいしさ、栄養価に惹かれて主食糧とし、栽培管理してクリの木でムラを埋め尽くすほどであった、と考えてきた私にはこの話は鉄槌で頭を打たれたほどの衝撃でした。

飛騨地方、白山麓、北上山地など広範な地域の木の実食についての民俗調査と資料調査を行った松山利夫氏は主要な木の実としてクリ、トチノキ、クルミ、ドングリなどを挙げて検討しています(松山 1982)。そうした中で堅果類の主力となる樹種が地域によって大きく異なっていることを浮き彫りにした上で、クリは非常に広い地域で利用されているものの、「甘さ」の故にやはり主食糧というよりは増量材あるいは山果であったとしています。

一方、畠山氏の調査地と同じ岩泉町の安家地区では「山林を余り持たない農家でもクリを5、6石拾い、これに対してシタミの採集量は3、4石だった」とクリの方が主要であったとし、「しかし安家川を遡行し標高を上げていくと、それほど多くのクリ林は分布しなくなっていく」(岡 1992)と述べています。どうも畠山氏の調査地区はクリがそもそも生えない高標高の地区だったようです。ただ、やはりクリは甘いので味としてはいいが飽きがくる、毎日食べる基本食にはシタミ(シダミに同じ)の方が向いているとも述べています(岡 1992)。

縄文人はクリを主食としなかったのか？

以上の民俗例はクリが山間地の人たちにとって「重要」な食糧のひとつではあったが、甘いがために主食糧とはなり得なかった、ということで共通しています。これまで見てきたように東日本において縄文集落が営まれる前は遺跡周辺はナラ類が優占する落葉広葉樹林でした。遺跡に人が住み活動が活発になる

のと期を一にしてクリがどっと増え、まるでクリ林の中に遺跡があるかような状況までなって、そして遺跡の衰退とともにクリが消え、元のナラ林（と同じような林）に戻っていった、ということを見てきました。

　あく抜きが難しいトチノキの利用は縄文時代後期（中期まで遡る？）になってからというのが一般的な見解ですので、ムラにクリがいっぱいあるようになった縄文時代前期には食卓には上ってきません。たしかに、人が利用した痕跡としての炭化したドングリはクリと同じく縄文時代草創期からすでに出土します。貯蔵穴内にびっしりとドングリが詰まっていることがよくありますが、これは関東・北陸地方より西の縄文時代遺跡に限られ、東北日本にはドングリの貯蔵穴はないとのことです（岡村道雄氏私信）。さきの北上山地の民俗例ではドングリは虫殺しの後、いろりの上の棚で乾燥貯蔵されたとのことですから、縄文時代にドングリ貯蔵穴がなくてもそれを食料としなかったことにはなりません。やはりこれらがクリとともに縄文人の食糧とされたことは確かでしょう。遺跡が始まる前はナラ類の優占する林だったということは、遺跡が始まってクリがどっと増えてからも遺跡から離れた「自然林」にはナラが以前と変わらずたくさんあったでしょうから、そこからドングリを採取してくるのは造作もなかったでしょう。

　それでは縄文人は自然林からとってきたドングリを主食糧とし、遺跡内に栽培・管理して増やしたクリの実を副食糧、増量材、山果として利用していただけなのでしょうか？　この疑問に対するヒントが実は先に紹介した水窪にあります。水窪では朝茶（正式な朝飯前の軽食）に春と秋の数ヶ月は毎日栗煮を供していたとのことです（野本 2012）。ただ、この栗煮には塩を入れて煮たようで、これにより「飽き」がこなかったのでしょう。朝茶には季節によりきび団子、サツマイモ、ジャガイモ等時期により移り変わりますが、クリで数ヶ月をカバーする、ということなので準主食といってもいい重要な食糧なのではないでしょうか。この本には「クリの皮むきが大変でいやになった」という聞き取りも記録されています。アクのないクリでも食糧とするにはやはり大変な手間がかかるものです。水窪では斜面の土留めに大量のクリ材を要したことからク

リの栽培を生活環に組み入れた、と考えると、これはそのまま縄文人の建築土木材のためのクリ材の需要と重なってきます。水窪の人たちは縄文人と同じ発想でクリとつきあってきたのかもしれません。また、ひょっとしたら縄文人はクリに塩を入れて土器で料理していたのかもしれないなどと考えてしまいます。

北上の人たちはなぜクリを「準主食」としなかった？

　塩を加えて煮るなどの工夫で飽きがこなくなるのなら、なぜ北上山地の人たちはそうしなかったのでしょうか？　実を収穫してから食べるまでにはドングリの方があく抜きもあり、やはりクリより手間がかかります。おまけにムリに喉に押し込むようにして食べるほどまずかったようです。生きるためにカロリーを摂取する、そのためにむりやり食べていたように見えます。山間部では塩は手に入りにくいものですが、縄文時代から製塩は行われ山間部にも流通していたし、昭和の時代には専売制もあって、塩が手に入りにくいということもなかったでしょうから、クリを食べない理由になったとは考えにくいでしょう。

　北上山地でも、生活の中心は水窪と同じく常畑と焼畑にあり、それに加えて野生採取としてトチとドングリが加わっています。トチとドングリは基本的には常畑や焼畑に開墾できない斜面や高標高地の山林に生えています。クリの木には山林にあって、誰でも拾える木もあるでしょうが、その量は村人みんなが拾って日常の食にするほどはありません。クリの多くは屋敷や畑まわり、栽培の栗園など所有者のはっきりしたところにあり、勝手に拾えないというのが私の子どもの頃の福島県の田舎（親の実家の村）の記憶です。水窪の人たちは「自分の土地」にクリ林を作り、そこからの収穫を「準主食」としてきたと考えると、北上の場合はそういった「クリ林」を作る土地とそれを育てる人手にゆとりがなかったから、「準主食」とするほどの量を得られなかったからだと考えるのは無謀でしょうか。

4．日本人とクリの未来

現代人とクリ

　高度経済成長期以降の日本では「野生採取」というものが趣味や遊びの範囲に押し込められてしまいました。秋のハイキングで落ちたクリを拾ってたべるのもせいぜい1年に一度です。そして店頭に並ぶ生のクリの実を買い求めて皮を剥き、クリごはんにするのがやはり年に1、2回ほど、お正月にはできあがった栗きんとんのおせち、洋菓子店のマロングラッセも年に数回、天津甘栗も一袋程度、これが現代人のクリの消費量ではないでしょうか。もちろん木材は100％といってよいほど使うことがなく、木に興味のあるわずかな人たちがクリの木工芸品や漆器などを手にするだけです。クリの名も、クリの実も、クリの毬（いが）もほとんどの日本人が知っているけれど、クリの木を見たことがある人は3分の1に満たないでしょう。これが現代人とクリのつきあいの現状です。クリはあってもいいけれど、なくても困らない、というのが実情ではないでしょうか。

　一方、クリの産地化、ブランド化、そして消費拡大に懸命に努力している地域、人たちがあります。茨城県のかすみがうら市（旧千代田村）、笠間市、石岡市など、熊本県の山鹿市、山都町など、愛媛県の伊予市などです（元木 2015）。こうした産地では味がよくて大粒のクリを安定的に大量に生産すべく、土地の改良、品種改良から栽培技術の向上まで様々に努力する一方、多彩な広報活動を展開して用途の拡大、消費の拡大を図っています。実際ゆでただけでもとてもおいしいクリで、それを様々な加工食品にして食べやすく、なじみやすくしているのですが、何せ世界中からあらゆる食材が集まり、どこのスーパーにも並ぶ現今、「クリ」という食材が他にぬきんでて消費を拡大させるというのはなかなか難しい状況にあるでしょう。

現在の日本の森とクリ

　いずれにしてもこういったクリは「クリ林」ならぬ「クリ畑」で栽培されています。その一方で日本の「山林」にはクリ、いわゆるシバグリ（柴栗）があります。その現状はどうなのでしょう。

　この本ではクリは暖温帯〜冷温帯生の落葉樹で、陽樹であり、遷移の初期段階の林、そして二次林に生えるといってきました。現在のそういった生育場所はどこにあるかといえば、北海道南部〜九州南部までの、平地〜山地帯で、高度経済成長期まで薪炭林、焼畑などであったところ、ということになるでしょう。いわゆる雑木林、里山です。里山が無用の長物と化し、木を伐られることもなく、手入れされることもなく放置され、多くの森が自然林化していってもう50年以上になります。また一部は宅地、工場用地、ゴルフ場などに開発され、森が消えていきました。

　自然林化した森で何が起きているかというと「遷移」が進んでいるのです。薪炭林、雑木林が伐採されるとすぐにひこ生えや実生苗が発生し、10年くらいで樹高5mほど、15年で10mほどの林が復活します。そして20年も経てば「立派」な二次林、雑木林ができあがります。東日本ではコナラ、ケヤキ、イヌシデ、サクラ類など、西日本ではカシやシイ、シロダモなどのクスノキ科、モチノキなどの常緑樹とコナラ、ケヤキ、サクラ類などの落葉樹が混じった林となります。こういった林にクリも混じって生えます。高度経済成長期まではこの時点でこの森は再び伐られることになっていたのですが、1970年代以後、木は伐られることなく、森の木はどんどん成長して、樹高20mをこえるほどになっていきました。その結果起きたことは光をめぐる樹木間の生き残りをかけた競争です。「陰樹」は他の樹木に覆われて少ない光の下でもゆっくりですが成長を続けることができます。ところが「陽樹」は他の樹木に光を遮られるととたんに元気をなくし、やがて枯れていきます。21世紀に入る頃から雑木林、里山でクリが競争に負けてどんどん消えていっています。樹高20mをこえる森の中に立ち枯れしたクリの大木がぽつん、ぽつんと立っています。こうして野生のクリは今、消えていく運命にあります。もちろん、林の縁とか道沿いとか明

るいところではまだまだクリは生きながらえる場所を得ることができるでしょうが、縄文の人たちの生活を支えるほどであったクリというものはもう望めないでしょう。

日本人のソウルフード、クリ

　自然林のクリが減少し、そしてやがて消えていくのを押しとどめようとするのは感傷だけではムリでしょう。日本の森をどう活かすのか、という中にその答えはあると思います。

　一方、消費量が非常に少なくなったとはいえ、クリはいつも身近にあり、また私たちの、クリの実を好んで食べる食習慣、嗜好というのは変わらないように思います。クリとのつきあいが1万年前から始まり、今日までずっと続いてきたこと、それも森の民である日本人だからこそ森の恵みとしてのクリとのつきあいは世界の他のクリの産地の人びととは比べものにならないくらい濃密だったのではないでしょうか。目に見え、手に取ることができる「消費財」のみが価値あるものだとすれば、クリは数多ある食品・食材の中に埋没したままでしょう。それもほんのいっとき季節を感じさせる食材として以上にはなり得ません。そこに縄文時代から続く1万年の私たちの祖先からのつきあいの歴史という味付けをしたウエットな食品としてこそ、私たちはクリとつきあいを続けられるのではないでしょうか。

引用・参考文献

青森県教育庁文化課編　2000　『青森市横内川遊水地埋没林調査報告書』青森県教育委員会

朝日新聞社　1986　『日本の歴史　37号　縄文人の家族生活』週刊朝日百科

一関市博物館　2013　『骨寺村荘園遺跡村落調査研究報告書（自然）』

今井敬潤　2014　『栗』法政大学出版局

植田弥生・辻誠一郎　1995　「粟津湖底遺跡における縄文時代早期の木材化石群」『植生史研究』3、15-28頁

岡　惠介　1992　「自給食糧としてのクリとシタミ」松山利夫・山本紀夫編『木の実の文化誌』14-16頁、朝日選書、朝日新聞社

岡村道雄　2002　『縄文の生活誌　改訂版』講談社

岡村道雄　2007　「なぜ縄文時代は終わったか」佐原真・ウェルナー・シュタインハウス監修、奈良文化財研究所編『日本の考古学（普及版）』上巻、244-249頁、学生社

岡村道雄　2015　『素晴らしい日本文化の起源―岡村道雄が案内する縄文の世界』別冊宝島2337号、宝島社

小樽図書館　1950　『手宮公園史』

門口実代　2011　「山形県小国町における昭和20年代のクリ林利用の実態」『植生史研究』18、45-56頁

神谷美和　2013　「中世骨寺村の開発と公事」『一関市博物館研究報告』第16号、62-50頁（横書きの報文は後ろからページ番号が振られている）

木村勝彦　2009　「年輪から読み解く縄文と小国のクリ」荒川隆史編『縄文時代のクリ利用に関する考古学・民俗学・年輪年代学的研究』（平成18年度～平成20年度科学研究費補助金基盤研究（B）研究成果報告書）、165-166頁

木村勝彦・益子貴義　2009　「縄文時代晩期の遺跡出土木柱の年輪年代学的解析」荒川隆史編『縄文時代のクリ利用に関する考古学・民俗学・年輪年代学的研究』（平成18年度～平成20年度科学研究費補助金基盤研究（B）研究成果報告書）、65-74頁

小林　章　1976　『果物と日本人』NHKブックス

小林圭一　2013　「西海渕遺跡と西田遺跡の墓壙群について」『山形県埋蔵文化財センター　平成24年度年報』58-65頁

小林謙一・工藤雄一郎・国立歴史民俗博物館編　2011　『縄文はいつから!?―地球環境の変動と縄文文化』新泉社

小島憲之・直木孝次郎・西宮一民・蔵中　進・毛利正守（校注・訳者）　1998　『日本書紀3』小学館

国立歴史民俗博物館　2007　『弥生はいつから⁉―年代研究の最前線―』

工藤雄一郎　2004　「縄文時代の木材利用に関する実験考古学的研究―東北大学川渡農場伐採実験―」『植生史研究』12、15-28頁

工藤雄一郎　2011　「縄文時代のはじまりのころの気候変化と文化変化」小林謙一・工藤雄一郎・国立歴史民俗博物館編『縄文はいつから⁉―地球環境の変動と縄文文化』91-114頁、新泉社

工藤雄一郎　2014　「「ヒトと植物の関わりの文化史」をもっと知ろう！」工藤雄一郎・国立歴史民俗博物館編『ここまでわかった！縄文人の植物利用』10-25頁、新泉社

桑畑光博・栗山葉子　2011　『王子山遺跡』都城市教育委員会

佐々木由香　2014　「縄文人の植物利用」工藤雄一郎・国立歴史民俗博物館編『ここまでわかった！縄文人の植物利用』26-45頁、新泉社

新東晃一　2006　『南九州に栄えた縄文文化・上野原遺跡』新泉社

鈴木三男　1995　「出土炭化材の樹種」『中高瀬観音山遺跡』304-322頁、群馬県埋蔵文化財調査事業団

鈴木三男　2002　『日本人と木の文化』八坂書房

鈴木三男　2009　「出土木製品の樹種及び自然木の樹種」『野地遺跡』新潟県埋蔵文化財報告書第196集、163-168頁、新潟県教育委員会・新潟県埋蔵文化財調査事業団

鈴木三男　2011　「植物相から見た縄文時代の始まり」小林謙一・工藤雄一郎・国立歴史民俗博物館編『縄文はいつから⁉―地球環境の変動と縄文文化』115-128頁、新泉社

鈴木三男　2012　「出土木製品利用樹種の時代的変遷」伊東隆夫・山田昌久編『木の考古学』81-102頁、海青社

鈴木三男・小川とみ・能城修一　2005　「青田遺跡出土木材の樹種」『青田遺跡』新潟県埋蔵文化財調査報告書第133集、53-70頁、新潟県教育委員会・新潟県埋蔵文化財調査事業団

鈴木三男・能城修一　1988　「群馬県勝保沢中ノ山遺跡出土炭化材の樹種」『勝保沢中ノ山遺跡』Ⅰ、180-192頁、群馬県教育委員会

仙台市教育委員会　2016　『郡山遺跡第243次調査・西台畑遺跡第11次調査報告書』

高田和穂　2005　『縄文のイエとムラの風景・御所野遺跡』新泉社

田中孝尚　2006　『SSRマーカーによるクリ（Castanea crenata）野生集団の遺伝的構造の解析』東北大学生命科学研究科平成17年度博士学位論文

千野裕道　1983　「縄文時代のクリと集落周辺植生―南関東を中心に―」『東京都埋蔵文

化財センター研究論集』Ⅱ、25-42頁

知里真志保　1953　『分類アイヌ語辞典〈第1巻〉植物篇』日本常民文化研究所彙報第64、日本常民文化研究所

寺田和雄・太田貞明・鈴木三男・能城修一・辻誠一郎　1994　「十和田火山東麓における八戸テフラ直下の埋没林への年輪年代学の適用」『第四紀研究』33、153-164頁

寺田和雄・辻誠一郎　1999　「秋田県大館市池内における十和田八戸テフラに埋積した森林植生と年輪年代学の適用」『植生史研究』6、39-47頁

辻誠一郎・中村俊夫・南木睦彦・植田弥生・小杉正人　1992　「粟津湖底遺跡の縄文時代早期の植物化石群と放射性炭素年代」『南湖粟津航路（2）浚渫工事に伴う発掘調査報告書―粟津湖底遺跡―大津市晴嵐地区地先』56-65頁、滋賀県教育委員会

奈良国立文化財研究所　1985　『木器集成図録　近畿古代扁』

新美倫子　2009　「クリ」小杉康ほか編『縄文時代の考古学3　大地と森の中で』149-159頁、同成社

野本寛一　2012　『自然と共に生きる作法』静岡新聞社

能城修一　2014　「縄文人は森をどのように利用したのか」工藤雄一郎・国立歴史民俗博物館編『ここまでわかった！縄文人の植物利用』50-69頁、新泉社

能城修一・佐々木由香・鈴木三男・村上由美子　2012　「弥生時代から古墳時代の関東地方におけるイチイガシの木材資源利用」『植生史研究』21、29-40頁

能城修一・鈴木三男　1989　「米泉遺跡出土木材の樹種」『金沢市米泉遺跡』263-278頁、石川県埋蔵文化財センター

野嵜玲児・奥富　清　1990　「東日本における中間温帯性自然林の地理的分布とその森林帯的位置づけ」『日本生態学会誌』40、57-69頁

畠山　剛　1989　『縄文人の末裔たち』彩流社

林　弥栄　1969　『有用樹木図説』誠文堂新光社

パリノサーヴェイ株式会社　2001　「葛原沢第Ⅳ遺跡第1号住居址の自然科学的調査」『沼津市文化財調査報告書第77集　葛原沢第Ⅳ遺跡（a・b区）発掘調査報告書』1、275-305頁、沼津市教育委員会

パリノサーヴェイ株式会社　2003　「付章　野沢遺跡の古環境と縄文時代草創期住居址の分析調査」『栃木県埋蔵文化財調査報告第271集　野沢遺跡・野沢石塚遺跡』401-436頁、栃木県教育委員会

北海道埋蔵文化財センター　1997　『函館市中野B遺跡Ⅲ』第一分冊

本多静六　1912　『(本多造林学前論ノ三) 改正日本森林植物帯論』三浦書店

前田純子・鈴木三男　1998　「三内丸山遺跡第6鉄塔地区出土炭化木材の樹種」『三内丸山遺跡Ⅳ』第2分冊119-139頁、青森県教育委員会

松下まり子　1989　「御前崎榛原町周辺の後氷期における植生変遷史」『日本生態学会誌』39、183-188頁

松下まり子　1991　「銚子半島高神低地の後氷期における植生変遷史」『日本生態学会誌』41、19-24頁

松下まり子　1992　「日本列島太平洋岸における完新世の照葉樹林発達史」『第四紀研究』31、375-387頁

松山利夫　1982　『木の実』法政大学出版局

南木睦彦　1994　「縄文時代以降のクリ（Castanea crenata Sieb. et Zucc.）果実の大型化」『植生史研究』2、3-10頁

元木　靖　2015　『クリと日本文明』海青社

山田悟郎　2015　「植生史が語る北海道の文化」『第30回日本植生史学会大会講演集』2-7頁、日本植生史学会

山田悟郎・柴内佐知子　1997　「北海道の縄文時代遺跡から出土した堅果類 クリについて」『北海道開拓記念館研究紀要』25、17-30頁

山田昌久　2014　「「縄文時代」に人類は植物をどのように利用したか」今村啓爾・泉拓良編『講座日本の考古学4　縄文時代（下）』179-211頁、青木書店

安田喜憲　1978　「大阪府河内平野における過去一万三千年間の植生変遷と古地理」『第四紀研究』16、211-229頁

吉川純子　2011　「縄文時代におけるクリ果実の大きさの変化」『植生史研究』18、57-63頁

吉川昌伸　2008　「田向冷水遺跡旧石器包含層の自然科学分析」『田向冷水遺跡Ⅲ―田向土地区画整理事業に伴う発掘調査報告書3』八戸市埋蔵文化財調査報告書第118集、97-106頁、八戸市教育委員会

吉川昌伸　2011　「クリ花粉の散布と三内丸山遺跡周辺における縄文時代のクリ林の分布状況」『植生史研究』18、65-76頁

吉川昌伸　2014　「縄文人と植物との関わり」工藤雄一郎・国立歴史民俗博物館編『ここまでわかった！縄文人の植物利用』162-181頁、新泉社

吉川昌伸・鈴木茂・辻誠一郎・後藤香奈子・村田泰輔　2006　「三内丸山遺跡の植生史と人の活動」『植生史研究』特別第2号、49-82頁

吉川昌伸・吉川純子・能城修一・工藤雄一郎・佐々木由香・鈴木三男・網谷克彦・鰺本真由美　2016　「福井県鳥浜貝塚周辺における縄文時代草創期から前期の植生史と植物利用」『植生史研究』24、69-82頁

読売新聞社編　1982　『ネアンデルタールとクロマニヨン人展』読売新聞社

〈欧文〉

Hora, B. (ed.) 1981 *The Oxford Encyclopedia of Trees of the World*. 288pp., Oxford University Press, Oxford.

Kobayashi K., J. Yoshikawa and M. Suzuki 2000 DNA Identification of *Picea* species of the Last Glacial Age in northern Japan. *Jap. Jour. Hist. Botany* 8:67-80.

Koyama, S. 1978 Jomon subsistence and population. *Senri Ethnological Studies*. 2:1-65.

Lang, P., F. Dane, T. L. Kubisik and H. Huang 2007 Molecular evidence for an Asian origin and a unique westward migration of species in the genus *Castanea* via Europe to Northe America. *Molecular Phylogenetics and Evolution* 43:49-59.

Matsushita, M. and S. Sanukida 1988 Holocene vegetation history around Lake Hamana on the Pacific coast of central Japan. *The Quaternary Research* 26:393-399.

Nakagawa, T., H. Kitagawa, Y. Yasuda, P. E. Tarasov, K. Gotand and Y. Sawai 2005 Pollen/event stratigraphy of the varved sediment of Lake Suigetsu, central Japan from 15,701 to 10,217 SG vyr BP (Suigetsu varve years before present): Description, interpretation, and correlation with other regions. *Quaternary Science Reviews* 24:1691-1701.

Noshiro, S., M. Suzuki and S. Tsuji 1999 Species selection for wooden artifacts at the Yoshinogari Site, Saga Prefecture, Japan. *Jpn. J. Histor. Bot.* 6:63-78.

Noshiro, S., K. Terada, S. Tsuji and M. Suzuki 1997 *Larix-Picea f*orests of the Last Gracial Age on the eastern slope of Towada Volcano in northern Japan. *Rev. Paleobot. & Palynol.* 98:207-222.

Takahashi, K. and M. Suzuki 2003 Dicotyledonous fossil wood flora and early evolution of wood characters in the Cretaceous of Hokkaido, Japan. *IAWA Journal* 24:269-309

あとがき

　前著「日本人と木の文化」をだしてから、実に14年も過ぎてしまいました。このクリの本の話が持ち上がってから優に10年は過ぎているように思います。ここ数年は毎年筆を執って、というかパソコンに向かって原稿を書きはじめて、これまで書いてきたところを見直して全体構想を再び思い出し、さていよいよ次の項目を書き出し、そしてあるところまでいって、勉強不足や資料不足、その他様々なことで壁に当たって筆が止まり、資料の手配や他の人の文献や本を読み始めるのですが、そのうち他のことにかまけてそのまま1年間もほったらかしにしてしまう、というようなことを繰り返してきました。ようやくゴールがおぼろげながら見えてきたのが去年の暮れくらい、というていたらくでした。元来気の小さい私なのでこの本のことを思い出すと気になって他の仕事が手に付かなくなってしまうのですが、それもそういったことは数日の短い間のことで、また忘却の淵に沈む、ということの繰り返しでした。何とだらしない筆者であろうかと自分でつくづく思います。

　そういった、三歩進んで二歩退って長い休みの繰り返しの中で、この本ができあがるには実にたくさんの方々のご協力とご指導とご厚意がありました。ここに深い感謝を表します。

　わたしが「クリと縄文人」というような内容の本を書くまでになれた、その最大の貢献者は東京大学の辻誠一郎さんです。彼と出会い、一緒に幾多の調査研究を手がけてくることがなければ、私の持っている植物学の知識と経験がこのような形で活かされることはなかったでしょう。彼が大阪市立大におられた頃から実にたくさんの調査を行い、実にたくさん飲み、実にたくさんの議論をしてきました。そして、これも飲み友で、私が勝手に考古学の師と仰ぐ元奈良文化財研究所の岡村道雄さんです。彼には考古学のいろはから実にたくさんのことを教えていただくと共に、勉強する機会をなんども用意していただいてき

ました。彼とは今も宮城県東松島市の宮戸島で「奥松島復興の会」というのをやり、震災復興の活動をおこなっています。森林総合研究所の能城修一さんとは、彼が学部4年生で私のいた研究室に配属になったときからのつきあいです。寿能泥炭層遺跡の出土木材の調査を手伝ってもらったことから彼も出土木材研究に取り組みはじめ、全国の、様々な時代の遺物を共同で調査してきました。だいぶ前から木材樹種同定能力は彼の方が数段上で、木材は能城さん、木材以外の樹皮や蔓植物などは私、と「棲み分け」して今も一緒に研究を続けています。彼との共同研究がなかったらこれまで出したデータの半分も得られなかったことでしょう。

　在任中に書くはずの本が定年後まで引きずられ、おまけに日本の北東のさいはて、標津町に引っ込んでから一番苦労したのが資料・文献へのアクセスです。いまだに大学に「隠居所」を貸していただいているので資料・文献等はそちらにあります。当初は年に数ヵ月は仙台にいて大学に通う予定でしたが、やはりなかなかそうはいかなくなって、ほしい文献、見なければならない本につきあたったときはそこで仕事がストップしてしまいます。解消とまではいきませんがこれをおおいに緩和してくれたのが東北大学植物園の小林和貴さんです。彼にはこれに限らずすべてのことで面倒を見てもらっています。

　先に申し上げましたが、伐採実験では首都大学東京の山田昌久さんを核として実に多くの方々にお世話になり、ご協力いただきました。実験に当たっては東北大学大学院農学研究科附属複合生態フィールド教育研究センター複合陸域生産システム部（川渡フィールドセンター）の清和研二教授と陶山佳久准教授、そしてスタッフの方々に大変お世話になりました。その分、研究成果でのお返しが必要なのですが、この本だけでは借財のほんの一部しか返せていないようです。

　古代の森研究舎の吉川純子さん、吉川昌伸さんには種実遺体と花粉でわからないことがあればすぐにメールで問い合わせし、また文献・資料を探索し送っていただくのが日常でした。クリ木柱に関しては福島大学の木村勝彦さん、新潟県埋蔵文化財センターの荒川隆史さんにデータを見せていただきました。国

立歴史民俗博物館の工藤雄一郎さん、㈱パレオ・ラボの佐々木由香さん、福井県立若狭歴史博物館の鯵本真由美さん、青森県教育委員会の岡田康博さん、佐賀県教育委員会の西田巌さん、熊本大学の小畑弘巳さん、鹿児島県埋蔵文化財センターの真邉彩さん、岩手県一戸町御所野縄文博物館の高田和徳さん、北海道博物館の山田悟郎さん、国立科学博物館の植村和彦さん、仙台市教育委員会の荒井格さん、石川県金沢城調査研究所の本田秀生さん、金沢市教育委員会の谷口宗治さん、一関市博物館の小岩弘明さん、橿原市教育委員会の平岩欣太さん、まだまだお名前を上げられないで失礼してしまっている多くの方々。これらの方々には資料の貸与、情報の提供、ご教示などなどを有り難く頂戴しました。

　そして東北大学植物園の「元」鈴木研究室の皆様。大山幹成さんには今も研究遂行上の様々な援助をいただいています。米倉浩司さんも植物に関する問い合わせにすぐ答えてもらっています。元研究室メンバーの新井（田中）孝尚さんには学位論文を紹介させてもらいました。小川とみさんには今でも木材の切片を切っていただいています。また、植物園に「居候」していられるのも中静透園長と牧雅之教授のおかげです。

　この本もそうですが、私の独りよがりの文章を手直ししてくれたのは国立歴史民俗博物館の図書室に勤務経験のある田川裕美さん。私が思い込みで書いている部分を厳しく指摘してくれました。そして、なんといっても最大の功労者は同成社の佐藤涼子社長でしょう。ホント、実に粘り強く長い間待っていただきました。これは常人にはとてもじゃないがまねのできることではありません。さすが、プロと感嘆しています。もっとも「感嘆」できる立場になれたからこそいえることですが。

　2016年7月

鈴木三男

ものが語る歴史シリーズ㉝
クリの木と縄文人

■著者略歴■

鈴木 三男（すずき みつお）

1947年 福島県白河市（当時の東白河郡旗宿村字関の里）生まれ
1970年 千葉大学文理学部（生物学専攻）卒業
1976年 東京大学大学院農学研究科修了後、東京大学農学部助手、金沢大学教養部助教授、東北大学理学部助教授
1997年〜2012年 東北大学大学院理学研究科教授、東北大学植物園教授、東北大学学術資源研究公開センター教授
この間 東北大学植物園長、東北大学総合学術博物館長、東北大学学術資源研究公開センター長などを歴任
（社）日本植物園協会会長、仙台市杜の都の環境をつくる審議会会長、仙台市文化財保護審議会委員、山形県文化財保護審議会委員、三内丸山遺跡など各地の遺跡調査指導委員会委員等
現　在 東北大学名誉教授、各地の遺跡調査指導委員会、文化財審議会委員等
専　門 植物形態学、古植物学、植生史学、考古植物学
主要著作等
『植物解剖学入門』（共訳）八坂書房、1997年
『日本人と木の文化』八坂書房、2002年
他共著多数

2016年12月24日発行

著　者　鈴　木　三　男
発行者　山　脇　由紀子
印　刷　亜細亜印刷㈱
製　本　協栄製本㈱

発行所　東京都千代田区飯田橋 4-4-8
　　　　（〒102-0072）東京中央ビル　㈱同成社
　　　　TEL 03-3239-1467　振替 00140-0-20618

©Suzuki Mitsuo 2016. Printed in Japan
ISBN978-4-88621-747-9 C3321

= ものが語る歴史シリーズ・既刊 =

①楽器の考古学　山田光洋著　　A5　256頁　本体4200円
いままでに日本列島から出土した楽器もしくは楽器と推定される遺物など、音楽文化関係の出土情報を蒐集・分析し、「音楽考古学」という新たな視点からこれらを整理し、その体系化を試みる。

②ガラスの考古学　谷一尚著　　A5　210頁　本体3700円
ガラスの起源から説きおこし、様々に発達をとげながら世界に広まっていったガラスを考古学的に追求し、分かりやすく分類・解説する。さらに日本の古墳や正倉院のガラスの由来などにも迫る。

③方形周溝墓の再発見　福田聖著　　A5　210頁　本体4800円
弥生時代の代表的な墓制とされている方形周溝墓を、数々の研究史をふまえ、自明とされたことをあらためて問い直し、これら一連の墓群の存在がどのような社会的意味をもっていたのかを探る。

④遮光器土偶と縄文社会　金子昭彦著　　A5　266頁　本体4500円
縄文社会のなかで遮光器土偶はいかなる存在だったか。何のために作られたのか。考古学的事実のうえに立ち、遮光器土偶の用途について「想念」をめぐらし、縄文人のメンタリティーに迫る。

⑤黒潮の考古学　橋口尚武著　　A5　282頁　本体4800円
黒潮に洗われる伊豆諸島には、古くから特色ある文化が根づいている。それらの文化の諸相を縄文時代から中世にかけて追求し、太平洋沿岸の文化交流の実体解明に迫る。

⑥人物はにわの世界　稲村繁(文)・森昭(写真)著　　A5　226頁　本体5000円
人物埴輪に見出したロマンを独特な黒の空間に描き出した森昭の作品群と、それに触発され埴輪の語る世界を読みとるべく筆を起こした稲村繁。本書はその両者をもって古代史を紡ぎ出している。

⑦オホーツクの考古学　前田潮著　　A5　234頁　本体5000円
オホーツク海をめぐる地域に展開したいくつかの古代文化の様相をめぐって、筆者自らの調査の結果をふまえ、また日露の研究者の幾多の文献を渉猟し、研究に新たな展望を開く。関係者必見の書。

⑧井戸の考古学　鐘方正樹著　　A5　210頁　本体3700円
制作時からすでに土中にある井戸は考古学の宝庫であり、過去と現在をつなぐタイムトンネルともいえよう。本書では建築技術・構造的視角から分析、東アジア的広がりの中でその展開を追究する。

⑨クマとフクロウのイオマンテ─アイヌの民族考古学─　宇田川洋編
A5　248頁　本体4800円
北海道東部に残された「イオマンテ」とよばれるクマの魂を送った場所を考古学的に調査し、古老への聴取り調査もふまえ儀礼の全容を明らかにする。民族考古学の先駆けとなった研究成果を提示。

⑩ヤコウガイの考古学　髙梨修著　　A5　302頁　本体4800円
ヤコウガイの供給地域はほとんど未詳とされてきたが、近年奄美大島から大量に出土し注目されている。本書は、古代〜中世の琉球弧の交易史を、ヤコウガイによって明らかにしようとする。

⑪食の民俗考古学　橋口尚武著　　A5　222頁　本体3800円
縄文時代や弥生時代に育まれ、その後も日常生活のなかで改良されながら発展的に継承されてきた生活技術や食習慣を描き出すことで、日本文化の「原風景」に迫る。

⑫石垣が語る江戸城　野中和夫編　　A5　394頁　本体7000円
日本最大級の城郭である江戸城。現存する膨大な石垣群に焦点をあてて、考古資料と文献等を手がかりにしつつ、詳細に分析。様々な表情を見せる江戸城の姿を多くの写真とともに描き出す。

============ ものが語る歴史シリーズ・既刊 ============

⑬アイヌのクマ送りの世界　木村英明・本田優子編　A5 242頁 本体3800円
アイヌのアイデンティティーを最もよく示すと言われ儀礼のなかで最高位に位置づけられる「クマ送り儀礼」。民族誌と考古学の両面からクマ送りの実際や起源を検証し、その今日的意味を探る。

⑭考古学が語る日本の近現代　小川・小林・両角編　A5 282頁 本体4500円
出土遺物や遺構は文字や映像資料では知り得ないことをしばしば雄弁に物語る。筆者らは、近年盛んになった明治期以降を対象とする考古学研究を駆使しつつ、新たな視点からの近現代史を探る。

⑮古代馬具からみた韓半島と日本　張允禎著　A5 226頁 本体3800円
古代韓半島と日本の馬具技術や特徴を詳細に分析し、馬具技術の伝播や製作集団の動向を総合的に検討することにより、両地域間交流の様相と社会変容を探り、地域間格差やその特徴等にも言及。

⑯壺屋焼が語る琉球外史　小田静夫著　A5 258頁 本体4500円
沖縄を発し、東京八丈島や南方の島々でも発見される壺屋焼を追って、泡盛の歴史的な展開やその背景、さらには知られざる沖縄の漁業・農業移民の壮大な軌跡を探る。第36回伊波普猷賞受賞

⑰古代日本海の漁撈民　内田律雄著　A5 290頁 本体4800円
古代出雲地方を中心とする日本海の沿岸漁撈がどのように営まれたか、考古資料や文献史料、民俗資料を駆使し漁具の復元なども試みて、その実態に迫る。

⑱石器づくりの考古学—実験考古学と縄文時代のはじまり—　長井謙治著
A5 258頁 本体4600円
気鋭の若手研究者が十年間にわたり石器—特に有舌尖頭器の復元製作に取り組み、モノと人の行動をつなぐ補助的な情報を可能な限り拾い集め、石器と対話することにより縄文開始期を捉え直す。

⑲民族考古学と縄文の耳飾り　高山純著　A5 290頁 本体5800円
縄文時代の耳栓は土製耳飾りから派生した一変種であり、南方や大陸から流入したものではないという持論を精緻に論証しつつ、さらに広く民族学資料を渉猟し、縄文人の生態の一側面を描き出す。

⑳縄文の漆　岡村道雄著　A5 186頁 本体3800円
縄文文化を代表する特色の一つである漆。その植生や起源、製作技法、形態分類、特色などについて、考古学的見地から具体的な資料を示し、現在の学際的研究の成果を踏まえながら追究する。

㉑古代蝦夷社会の成立　八木光則著　A5 298頁 本体6000円
古代の道南・東北において、律令国家との接触過程で蝦夷の社会が変容し、形成されていく過程について、文献史料も援用しつつ、考古資料を精緻に分析することから冷徹に描き出そうと試みる。

㉒貝の考古学　忍澤成視著　A5 442頁 本体7000円
縄文時代、主に装身具などの素材に利用された貝について、その考古学的、生物学的な分析をもとに、当時の習俗や社会形態、交易ルートや、もう一つの「貝の道」などについて考察する。

㉓アイヌの民族考古学　手塚薫著　A5 242頁 本体4800円
アイヌの狩猟採集や家畜飼養、儀礼、交易、疾病など幅広い属性を通時的に分析し、国家との関係、他民族との異同にも触れつつ、その文化の特徴と変容の過程を明らかにする。

㉔旧石器社会と日本民俗の基層　田村隆著　A5 278頁 本体5500円
石器に込められた豊穣なメッセージを読み解く過程で、伝統的な形式分類学では捉えられない旧石器社会の諸特質を描くとともに、旧石器・縄文の画期を見出し、日本民俗の全体性を透視する。

――― ものが語る歴史シリーズ・既刊 ―――

㉕蝦夷とは誰か　松本建速著　　　　　　　Ａ５　314頁　本体5700円
古代東北にはやまと言葉と異なる言語を話す人々が住んでいたという。著者はこの議論に考古学の立場から迫り、民俗学や文献史学と、言語学・形質人類学をも援用して決定的な結論を得た。

㉖箸の考古学　高倉洋彰著　　　　　　　　Ａ５　154頁　本体3000円
中国に起源をもつ箸文化は東アジア周辺諸国にどのように伝来したのか。箸の材質や形状、使用法などに着目し、膨大な資料を駆使して精緻に考察。その豊かな文化の全貌を明らかにする。

㉗ガラスが語る古代東アジア　小寺智津子著　Ａ５　224頁　本体4500円
約５千年前、西アジアで生まれたガラスが、政治的・呪術的意味を付加されつつ東アジアに伝わっていく様相を丹念に追究。ガラスを通して、東アジア各国の社会の動きを鮮やかに描きだす。

㉘出土文字資料と古代の東国　高島英之著　Ａ５　322頁　本体6400円
絵画表現を含む墨書土器や漆紙文書などの出土文字資料について歴史的性質を丹念に確定し、個々の資料の背後に潜む古代社会像総体の解明を目指す。

㉙中世鎌倉の都市構造と竪穴建物　鈴木弘太著　Ａ５　198頁　本体3900円
縄文以来の竪穴式住居のうち、鎌倉出土の住居址を竪穴建物と規定しつつ往時の都市領域を復原。独自の起源をもつ竪穴建物のルーツを探り、都市構成との相関関係に迫る。

㉚イヌの考古学　内山幸子著　　　　　　　Ａ５　278頁　本体4200円
愛玩対象としてばかりでなく狩猟や運搬手段として、またあるときは食料資源としても供されてきたことがわかってきた最古の家畜イヌと人との１万年にわたる歴史を考古学資料を中心に解明する。

㉛古代食料獲得の考古学　種石悠著　　　　Ａ５　338頁　本体6500円
稲作伝来後も漁撈や狩猟、植物採集活動が食料事情を支えたのみならず、それらの行為が重要な祭祀的・儀礼的意義をもっていたことを、考古学や民族学、民俗学から多角的に考察・再検証する。

㉜縄文時代の食と住まい　小林謙一編　　　Ａ５　202頁　本体4000円
縄文時代の「食」と「住」について、歴史生態学、実験考古学、動物考古学、民俗学など多様な視点から論究。先史時代の生活の復元に大きな材料を与え、縄文文化研究に新しい地平を拓く。